바오로의 서간, 시
그리고 하느님

바오로의 서간, 시 그리고 하느님

초판 발행   2023년 7월 3일
2쇄 발행   2023년 12월 29일

저   자   류해욱 신부
펴낸이   김재광
펴낸곳   솔과학
등   록   제10-140호 1997년 2월 22일
주   소   서울특별시 마포구 독막로 295번지
       302호(염리동 삼부골든타워)
전   화   02-714-8655
팩   스   02-711-4656
E-mail   solkwahak@hanmail.net

I S B N   979-11-92404-49-3 (03230)

값 23,000원

바오로의 서간, 시
그리고 하느님

류해욱 신부

솔과학

사도 바오로의 인물됨과 그의 편지

사도 바오로. 그는 누구입니까? 그는 초대 교회 안에서 가장 많이 선교한 분으로 널리 알려져 있습니다. 그는 초대 그리스도교에 가장 커다란 영향을 미쳤던 사람이지요. 그는 온전히 그리스도라는 분에게 매료되어 그분의 메시지와 가르침을 타오르는 열정으로 사람들에게 전해준 인물입니다. 그런데 만약 그가 서간을 남기지 않았다면, 어땠을까 상상해 봅니다. 다만 그냥 탁월한 선교사일 뿐으로 기억될 것입니다.

그는 각 공동체와 개인에게 편지를 쓰면서 그 편지를 통해 그의 인간됨, 그의 성격, 그가 누구인지 고스란히 드러납니다. 간단히 말하자면, 원래는 열렬한 유다교 신자이며 예수를 박해하는 사람이었는데, 신비로운 예수님과의 만남 이후, 회심하여 가장 충실한 그리스도교인이 됩니다. 그는 신약 성경 27권 가운데 전통적으로 13편의 서간이 그가 저술한 것으로 되어 있습니다. 또한, 사도행전에서도 그의 활약상을 아주 상세하게 전해 줍니다.

그는 열렬한 바리사이로서 그리스도교를 박해하는 일에 앞장섰습니다. 그가 그리스도교 신자들을 잡으러 다마스쿠스로 가는 길에서 부활하신 그리스도를 만나는 신비한 체험을 한 후 완전히 삶이 바뀝니다. 이 체험을 통해서 바오로는 자신이 파괴하려고 했던 것, 즉 예수 그리스도와 그분의 교회와 하나가 됩니다. 그는 예수님이 하느님의 아드님이고 참 메시아라는 굳은 신앙을 갖게 되고, 하느님의 특별한 계시에 의해 이방인들에게 복음을 전하라는 사명을 받았습니다.

그 이후 바오로의 삶은 그리스도 그 자체, 그가 내 안에 산다는 말을 통해 그리스도와 복음을 위해 모든 것을 전적으로 바치게 됩니다. 그는 그리스도교 공동체를 세운 다음에는 그 공동체를 통해 주변 지역으로 복음이 확장되어 갈 수 있도록 하고, 자신은 다른 곳으로 이동하여 새롭게 복음을 선포했습니다. 이렇게 하여 교회는 점점 확장됩니다.

그는 자신이 선교 여행을 다니며 세운 공동체에 늘 머

물러 있을 수는 없었기 때문에 그들의 믿음을 돌보고 그들이 믿음 안에서 성숙할 수 있도록 하기 위해 편지를 써 보냈습니다. 전통적으로 신약 성경 안에서 열세 편의 서간이 바오로가 쓴 것으로 알려져 있습니다. 그러나 연구 결과 학자들은 이 가운데서 에페소서와 콜로새서, 티모테오 1서와 2서, 티토서 등은 바오로가 직접 쓴 것이 아니라 그를 따르던 제자들이 후에 쓴 것으로 추정하고 있습니다마는 저는 전통적인 열세 편을 모두 바오로의 것으로 생각하여 시를 썼습니다.

그의 편지들은 그를 잘 알 수 있는 여러 가지 사항을 전해 주고 있습니다. 그는 불굴의 의지, 끈기 있는 노력, 열정, 적극성, 성실함, 비범한 지구력 등을 갖추고 있었습니다. 한편 그는 섬세하고 다정다감하며 부드러운 면모도 지니고 있었습니다. 사람들에게 애착을 느끼고 그들의 슬픔과 괴로움을 함께 느낄 줄 아는 마음을 지녔으며, 함께 일하는 동료들과도 친밀하게 지냈습니다.

바오로는 탁월한 언변과 그것을 표현하는 방법을 알고 있었습니다. 그가 사용한 어휘들은 풍부했으며 그는 언어에 뛰어난 자질이 있었습니다. 그가 쓴 글은 아주 강한 표현력과 탁월한 설득력을 지니고 있습니다. 그는 바리사이로서 랍비 교육을 받았던 까닭에, 구약 성경에 관해 해박한 지식과 이해력을 갖고 있었습니다. 그뿐만 아니라, 그는 성경 해석의 논리와 방법을 잘 알고 있었습니다.

그는 구약 전체를 그리스도께서 가져다주실 진리와 구원을 준비하고 예시한 것으로 이해했습니다. 그는 초대 교회 공동체의 믿음을 바탕으로 모든 이의 구원을 위해 사람이 되시고 돌아가시고 부활하신 분이시며 하느님의 아드님이시요 구세주이신 예수님에 관한 자신의 교의를 확고하게 다져 나갔습니다. 그는 하느님과 그리스도로부터 직접 계시를 받기도 했습니다.

이런 그를 편지를 통해 그와 내밀하게 만나는 것은 아주 큰 기쁨이며 즐거움이었습니다. 저에게 그의 서간을 다시 써 내려가는 일은 저에게 가슴 뛰는 일이며 아주 저절로 나오는 자연스러운 일이었습니다. 그를 마음 깊이 체험하고 그의 마음이 되어 글을 쓰면, 글이 자연스럽게 저절로 나오지요. 그의 회심부터 보면 그의 삶 전체, 그의 글을 이해하게 됩니다.

사도행전에 보면 사울을 타르수스로 보내고 교회가 안정을 얻게 되었다는 내용이 있습니다. 바오로는 회심

이후에 여러 곳을 다니며 열정적으로 그리스도를 전하였지요. 그런데, 가는 곳마다 그 열정이 오히려 문제를 일으키지요. 초대 교회 공동체의 원로들은 바르나바의 중재로 바오로를 받아들였지만, 바오로의 존재가 못내 불편했고 더 큰 문제를 일으킬지도 모르는 불안감 때문에, 결국 좋은 말로 그동안 고생 많았고 이제 좀 쉬는 시간을 갖는 것이 좋겠다며 고향으로 보낸 것입니다.

바오로는 바르나바가 찾아가서 다시 불러줄 때까지 거의 7~8년의 세월을 고향 타르수스에서 묻혀 지내야 했던 것입니다. 마르티니 추기경은 실제로 바오로에게 무슨 일이 있었을까?라는 물음을 던지며 이렇게 말합니다.

"다마스쿠스와 예루살렘을 떠나 고향으로 돌아온 바오로는 깊은 고독과 번민의 때를 가져야 했을 것이다."

다마스쿠스 사건 이후의 바오로의 10년을 이렇게 표현할 수 있다고 합니다. 다마스쿠스에서의 불안, 예루살렘의 몰이해, 그리고 타르수스에서의 심한 고독과 번민의 시간들이었다고. 그리고 그는 물음을 던집니다.

"이 시기 동안 바오로가 겪어야 했던 오해와 반대, 누구 하나 변호해 주는 이 없이 소외되고 인정받을 수 없었던 일들이 모두 주위의 탓이었을까?"

사람들은 변화를 체험하는 순간, 모든 것이 순수한 빛 속에서 새롭게 빛나는 것을 느낍니다. 그러나 아무리 완전한 회심을 체험하고 자신이 변화되었다고 느낀다고 하더라도, 그 사람이 지닌 타고난 성격이나 기질마저 바뀌는 것은 아닙니다. 열렬한 박해자였던 사울이 이제는 온 열정을 쏟으며 그리스도를 전합니다.

　열정을 지녔을 뿐만 아니라 당대의 대석학이었던 가므리엘 선생에게서 배운 뛰어난 언변과 학식을 지닌 바오로는 자기가 모든 것을 다 할 수 있다고 생각했을 것입니다. 그러나 결과는 전혀 달랐습니다. 그리스도교 공동체와 사도들이 자기를 알아주기는커녕 그를 쫓아냈습니다. 그런데, 바오로에게 이 고향으로의 유배에서의 고독과 번민을 겪어야 했던 어둠의 시간이야말로 바로 주님께서 마련하신 카이로스, 은총의 시기였습니다.

　그에게 깊은 고독과 번민을 통해 첫 회심을 깊이고 정화하는 은총의 시기가 필요했던 것입니다. 한마디로 요약한다면, 바오로에게 첫 회심 이후의 10년은 지나친 과시와 열정이 넘치는 선교 활동 때문에 쫓겨나서 고독과 침묵과 소외 속에서 철저하게 자기 자신이 깨어지고 그리스도 안에서 새롭게 태어나는 긴 회심의 시간이었습니다.

마르티니 추기경이 물음을 던집니다. 바오로가 오랜만에 돌아온 고향 타르수스에서 해가 저무는 강가를 홀로 거닐면서 다마스쿠스의 사건을 사기할 때 어떤 느낌을 지녔을까? 공동체에서 소외당한 고독의 시련을 겪으면서 자기에게 일어났던 사건들을 회고하면서 무슨 생각을 했을까? 마르티니 추기경은 바오로에게 자신의 체험을 이야기하게 한다면, 우선은 분노를 터뜨릴 것이라고 합니다.

바오로는 이 어려운 시기를 지내야 했던 것입니다. 그러나 이 시련의 시기야말로 모든 성인이 겪어야 했던 여정이라고 합니다. 어떤 사도도 어떤 성인도 이 내적 고뇌의 체험에서 벗어날 수는 없는 것이라고 합니다. 놀랍게도 그것이 하느님의 은총입니다. 사람들은 고독과 번민으로 속속들이 젖어 들어 마음의 아픔을 겪으면서 깊은 숙고의 때를 갖게 된다고 합니다. 이 숙고 가운데서 사람들은 절망의 검은 장막 틈새를 비집고 비쳐오는 가냘픈 빛줄기를 발견하게 되지요.

성서를 수없이 읽고 묵상했을 바오로는, 욥처럼 위안과 해방과 평화를 가져다주시는 하느님의 말씀으로 치유되었음에 틀림없습니다. 바오로는 마음 깊이에서 우러나오는 하느님의 음성에 귀를 기울이고 비추임 받아, 다마스쿠스의 만남에서 체험했던 그 밝은 계시의 빛 속으로 다시 한 번 들어가면서 새롭게 변모되어 갔던 것입니다. 바오로는 이렇게 말하지요.

"아폴로나 나나 다 같이 여러분을 믿음으로 인도한 일꾼에 불과하며 주님께서 우리에게 각각 맡겨주신 일을 했을 따름입니다. 나는 씨를 심었고 아폴로는 물을 주었습니다. 그러나 그것을 자라게 하시는 분은 하느님이십니다."

고통스러운 체험을 통해 바오로는 비로소 하느님이 주인이시고 자기는 다만 주인이 쓰시는 도구일 따름이라는 것을 인식하면서 참으로 위대한 일을 하게 될 사도로 성장합니다.

제가 비교적 길게 바오로의 긴 고독과 번민의 여정을 썼는데, 어떤 느낌이 드십니까? 다소 위로가 되십니까? 저에게는 참으로 커다란 위로가 됩니다. 저로서는 열정과 연민으로 헌신했던 사도직에서 결과로 돌아온 것은, 사람들에게서의 배신과 공동체로부터의 몰이해였고, 결국 자신을 다 쏟아부어서 몰두했던 그것 때문에 고통을 겪어야 했던 사람이 혼자가 아니라는 사실을 알게 되지요.

마르티니 추기경은 우리는 아무도 상처 입지 않는 사

람이어야 하는 것이 아니라 하느님의 자비로운 계획에 눈을 떠야 하는 사람이라고 말합니다. 그렇습니다. 주님은 우리를 사랑하시기 때문에 시련을 겪게 하신다는 말씀은 전적으로 맞습니다. 고독과 번민의 때, 시련과 어려움의 시기를 보내시고 있는 분이 있다면, 지금이 은총의 시간임을 잊지 않으시기 바랍니다.

우리에게는 일회적인 회심이 아니라 끊임없는 정화의 시간이 필요한 것입니다. 이 정화를 위해 그의 편지를 다시 읽는 것, 그 자체로 떨리는 가슴입니다. 그 체험으로 깊숙이 들어가 보십시오.

이 책은 제 서품 32주년 기념으로 냅니다. 제가 서품 30주년 기념으로 '물과 물결, 그리고 하느님'이라는 책을 냈지요. 그리고 2년 사이 7권의 책을 냈습니다. 그 중 '예수님 품에 기대어'는 제가 모든 사람이 꼭 읽어 보기를 바라는 책입니다. 그에 비해, 이 책은 오래전에 썼던 글들인데, 이 글이 나오기까지 숨은 공로자가 있습니다. 바로 록은 최춘희 님입니다.

제가 12~13년 이 글을 쓰고 까맣게 잊고 있었습니다. 어느 날 문득 생각이 나서 글을 찾았는데, 없어졌더라고요. 저는 할 수 없이 다시 쓰려다가 12~13년 전 홍천 영혼의 쉼터 카페에 올렸던 것이 생각나서 록은 님에게 여쭈어보았더니, 그때 그 글을 보관하고 있다는 기쁜 소식이었습니다. 깊은 감사를 드립니다.

이 책의 표지가 예쁘지요? 서예원 아나다시아 님의 작품입니다. 예수님의 최후 만찬입니다. 원래 라파엘라 작품이 유명하지만, 서 아나다시아 님에 의해 나름대로 한국적인 정감이 어려있는 독특한 색채로 새롭게 태어났습니다. 80살이 넘은 나이에도 예수님의 최후 만찬을 기도로 아름답게 표현했습니다. 그녀의 열정에 저는 놀라움을 금치 못합니다. 그의 신앙심을 본받고 싶어 이 그림을 표지로 썼습니다. 제 마음으로부터 존경과 감사를 드립니다.

제가 바오로의 서간을 시를 다시 쓰는 혹여 본래의 서간에 덧칠을 하는 것이 아닌지 염려가 크지만, 저의 알량한 성의로 너그럽게 봐 주시면 고맙겠습니다. 이 책을 읽는 모든 사람에게 깊은 감사를 드립니다.

목차

2장 　코린토 신자들에게 보낸 첫째 서간

(2-1장) 코린토 신자들에게 보낸 둘째 서간

7장 **테살로니카 신자들에게 보낸 첫째 서간**

7-1장 **테살로니카 신자들에게 보낸 둘째 서간**

로마 신자들에게
보낸 서간

(로마 1, 1-7)

인사와 그리스도 선포

하나 바오로는 그리스도 예수님의 종으로서 부르심 받아서
하느님의 복음을 위하여 선택을 받고 이 편지를 씁니다.
이 복음은 하느님께서 예언자를 통해 언약해 주신 것으로
당신 아드님에 관한 말씀입니다.

그분께서는 육으로는 다윗의 후손으로 태어나셨으나
거룩한 영으로는 죽은 이들 가운데에서 부활하시어
권능을 지니신 하느님의 아들로 확인되신 주 예수님이십니다.

바로 그분을 통하여 우리는 사도직의 은총을 받았으니
그분의 이름을 위하여 모든 민족에게 믿음을 전하는 것
이며 그대들도 그들 가운데 부르심을 받고 그분의 사람
이 되었습니다.

성도로 부르심을 받은 이들로서 하느님께 사랑받는
로마의 모든 교우들에게 인사하니
하느님 우리 아버지와 주 예수 그리스도에게서 오는
은총과 평화가 그대들에게 풍성히 내리기를 빕니다.

로마를 방문하려는 원의

그대들의 일로 예수님을 통하여 나의 하느님께 감사드리니
그대들의 믿음이 온 세상에 두루 알려지고 있기
때문입니다.
내가 그분 아드님의 복음을 전함으로써
내 영으로 섬기는 하느님께서 나의 증인이시니
끊임없이 여러분을 생각하며 기도 때마다 하느님의 뜻에
따라 어떻게든 그대들에게 갈 수 있는 길이 열리기를
빌고 있습니다.

나는 그대들을 보게 되기를 간절히 바라니
그대들에게 성령의 은사를 나누어
힘을 북돋아 주려는 것이며
그대들과 함께 지내면서 그대들의 믿음과 나의 믿음을
통하여 다 함께 서로 격려를 받으려는 것입니다.

형제인 그대들이여,
나는 그대들이 이 사실을 알기를 바라오니
비록 좌절되기는 하였지만

나는 그대들에게 가려고 마음먹었고
다른 민족들에게서처럼
그대들에게서도 열매를 거두고 싶습니다.

나는 그리스인들에게도 그리스인이 아닌 이들에게도
지혜로운 이들에게도 어리석은 이들에게도
다 빚지고 있기에
로마에 있는 그대들에게 복음을 전하는 것이
나의 소원입니다.

나는 복음을 부끄러워하지 않으니
복음은 먼저 유다인들에게 그리고 그리스인들에게까지
믿는 이는 누구든지 구원으로 이끄시는 하느님의 힘이오니
복음 안에서 그분 의로움이 믿음에서 믿음으로
계시됩니다.

인간의 불의와 하느님의 진노 1

불의로 진리를 거스르는 이들의 모든 불경과 불의에 대한
하느님의 진노가 하늘로부터 나타나고 있으니
하느님에 관해 알 수 있는 것이 환히 드러났기 때문이며
하느님께서는 그것을 그들에게 환히 드러내 주셨으니
세상이 창조된 때부터 하느님의 보이지 않은 본성, 곧
그분의 영원한 힘과 신성을 알아보고 깨달을 수 있습니다.

하여 그들은 아무런 변명을 할 여지가 없으니
하느님을 알면서도 그분을 찬양하거나 감사를 드리기는
커녕 허튼 생각으로 허망하게 되고
마음이 어두워졌기 때문입니다.
그들은 지혜 있는 이들이라고 자처하였지만
바보가 되었으니
불멸하시는 하느님의 영광을
썩어 없어질 인간과 날짐승과 네발짐승과
길짐승 같은 형상으로 바꾸어 버렸습니다.

하느님께서는
그들 마음을 욕망으로 더럽히도록 버려두시어
그들이 스스로 자기들의 몸을 수치스럽게 만들도록
하셨으니
그들은 하느님의 진리를 거짓으로 바꾸어 버리고
창조주 대신에 피조물을 받들어 섬겼습니다.
창조주께서는 영원히 찬미 받으실 분이시옵니다. 아멘.

인간의 불의와 하느님의 진노 2

하느님께서는 그들을 수치스러운 정욕에 넘기셨으니
여자들은 자연스러운 육체관계를 자연을 거스르는 관계로
남자들은 여자와 맺는 육체관계를 버리고
저희끼리 색욕을 불태우는 관계로 바꾸었으니
그들은 파렴치한 짓, 그 탈선에 합당한 대가를 받았습니다.

그들은 하느님을 알아 모시려고 하지 않았기 때문에
그분께서는 그들의 분별없는 부당한 짓을 하도록 두셨으니
그들은 온갖 불의와 사악과 탐욕과 악의로 가득 차 있고
시기와 살인과 분쟁과 사기와 악덕으로 그득합니다.

그들은 험담꾼이고 중상꾼이며, 하느님을 미워하는 자고,
불손하고 오만한 자며, 허풍쟁이이고 모략꾼이고,
부모에게 순종하지 않는 자며, 우둔하고 신의가 없으며
비정하고 무자비한 자입니다.

그들은 이런 짓을 행하는 자들은 죽어 마땅하다는

하느님의 법규를 잘 알면서도
그런 짓을 할 뿐만 아니라
그와 같은 짓을 행하는 자들을 두둔까지 합니다.

하느님의 의로우신 심판

남을 심판하는 이여,
그대가 누구든 변명의 여지가 없으며
그대는 남을 심판하면서 똑같은 짓을 저지르고 있으니
남을 심판하는 바로 그것으로 자신을 단죄하는 것입니다.

우리는 그러한 짓을 행하는 자들에게 내리는
하느님의 심판이 진리대로 내려진다는 것을 알고 있으니
그런 짓을 행하는 자들을 심판하며 같은 짓을 행하는
이여!
그대는 하느님의 심판을 모면할 수 있으리라고
생각합니까?

하느님의 그 큰 호의와 관용과 인내를
업신여기는 것입니까?
그분의 호의가 그대를 회개로 이끌려 한다는 것을
모릅니까?
그대는 그대의 완고함과 뉘우칠 줄 모르는 그 마음 때문에
하느님의 의로운 재판이 이루어지는 진노와 계시의 날에

그대에게 쏟아질 진노를 스스로 쌓고 있습니다.

그분께서는 각자에게 그 행실대로 갚으실 것이니
선한 행실에 꾸준하면서
영예와 불멸을 구하는 이들에게 영원한 생명을 주실
것입니다.
이기심에 사로잡혀 진리를 거스르고
불의를 따르는 자에게는
진노와 격분이 쏟아지며
먼저 유다인들에게, 이어서 그리스인들에게까지
악을 저지르는 자는
누구나 큰 환난과 고통을 겪을 것입니다.

먼저 유다인들에게, 이어서 그리스인들에게까지
선을 행하는 자는 누구에게나
영광과 영예와 평화가 내릴 것이니
하느님께서는 사람을 차별하지 않으시기 때문입니다.

다른 민족들과 율법

율법을 모르고 죄지은 자는
누구나 율법과 관계없이 멸망하고
율법을 알고 죄지은 자는 누구나 율법에 따라 심판을 받
으며 율법을 듣기만 하는 이가 하느님 앞에서 의로운 것
이 아니라 율법을 실천하는 이라야 비로소 의롭게 될 것
이기 때문입니다.

다른 민족들이라서 비록 율법을 가지고 있지 않으면서도
그들의 타고난 본성에 따라
율법에서 요구하는 것을 실천하면
율법을 가지고 있지 않은 그들이 자신들에게 율법이 되니

그들은 양심이 증언하고
그들의 엇갈리는 생각들이 서로 고발하거나 변호하면서
율법의 행위가 자기들의 마음에 쓰여 있음을 보여줍니다.

이 사실은 하느님께서 그리스도 예수님을 통하여
내가 전하는 복음이 가르치는 대로 사람들의
숨은 행실들을 심판하시는 그날에 드러날 것입니다.

유다인과 율법

그대는 유다인으로 자처하여 율법에 의지하고
하느님을 자랑하고
율법을 배워 하느님 뜻을 알고
무엇이 중요한지 판단한다고 하며
눈먼 이들의 인도자고 어둠 속에 있는 이들의
빛이라고 확신하며
남은 가르치면서
왜 그대 자신은 가르치려고 하지 않습니까?

도둑질을 하지 말라고 남을 가르치면서
왜 그대는 도둑질을 하며
간음을 하지 말라고 하면서 왜 그대는 간음을 하며
우상을 혐오한다고 하면서 왜 그대는 신전 물건을 훔치며
율법을 자랑하면서 왜 그대는 율법을 어겨
하느님을 모욕합니까?

과연 성경에 기록되어 있듯이
"하느님의 이름이 그대들 때문에

다른 민족들 가운데서 모독을 받습니다."

그대가 율법을 준행할 때에야 비로소 할례는 유익하지만
그대가 율법을 어기면
그대가 받은 할례는 할례가 아닌 것이 되고 마니
할례 받지 않은 이들이 율법의 규정을 지키면
비록 그들이 할례받지 않았지만,
할례받은 것이 되지 않겠으며
몸에 할례받지 않았지만, 율법을 지키는 이들이
법으로 할례를 받았지만,
율법을 어기는 그대를 심판할 것입니다.

겉모양을 갖추었다고 유다인이 아니고
살에 드러나는 겉모양만의 할례가 진정한 할례가 아니니
오히려 속이 유다인인 사람이 참 유다인이며
문자가 아니라 성령으로 받는 마음의 할례가 참 할례이니
그런 이는 사람들이 아니라 하느님께 칭찬을 받습니다.

하느님의 진실성과 사람들의 죄

유다인이 더 나은 점이 무엇이며
할례의 유익이 무엇입니까?
어느 모로 보나 그런 것이 많이 있으며
우선 하느님께서 그들에게 당신 말씀을 맡기셨다는
것입니다.

그들 가운데 몇 사람이 불성실할 경우에는
어떻게 됩니까?
그들의 불성실함이 하느님의 성실하심을
무효로 만듭니까?
결코 그렇지 않으며
성경에 이렇게 기록되어 있습니다.

"당신이 말씀하실 때 당신의 의로움이 드러나고
사람들이 당신께 재판을 걸면 당신께서 이기실 것이다."
사람은 모두 거짓말쟁이로 드러난다고 할지라도
하느님께서는 진실하신 분으로 드러나야 합니다.

우리의 불의가 하느님의 의로움을 드러낸다면
우리로서 무슨 말을 할 수 있겠습니까?
내가 사람들의 관례대로 말한다면
하느님께서 진노를 내리시므로
불의하시다고 해야 합니까?
결코 그럴 수 없습니다.

그렇다면 하느님께서
어떻게 세상을 심판하실 수 있습니까?
만일 나의 거짓으로 하느님의 진실하심이 더 드러나서
그분께 영광이 된다면
왜 내가 아직도 여전히 죄인으로 심판을 받아야 합니까?

그렇다면 더 나아가서
"악을 행하여 선이 생기게 하자."고
해야 하지 않겠습니까?
어떤 사람들은 우리가 그런 말을 한다고 하면서
우리를 비방하고 있으나
그런 자들은 합당한 심판을 받을 것입니다.

사람은 모두 죄인

그러니 어떻습니까?
우리가 유다인이라고 해서 뛰어난 것이 있습니까?
전혀 없으니
우리는 이미 앞에서 유다인들이나 그리스인들이나
다 같이 죄의 지배 아래 있다고 논증한 바 있습니다.

그것은 성경에 기록된 바 그대로이니
"의인은 없도다. 하나도 없도다!
깨닫는 이도 없고 하느님을 찾는 이도 없도다.
모두 빗나가 다 함께 쓸모없이 되어 버렸도다.
좋은 일을 하는 이가 없도다. 하나도 없도다!

그들의 목구멍은 벌려져 있는 무덤이요
그들의 혀로는 속임수를 일삼으며
그들의 입술 밑에는 살무사의 독이 있고
그들의 입은 저주와 독설로 가득하도다.

그들의 발은 남의 피를 쏟는 일에 잽싸고

그들의 길에는 파멸과 비참만이 뒤따르며
그들은 평화의 길을 알지 못하고
그들의 안중에는 하느님께 대한 두려움이 없도다!"

율법이 말하는 것은 율법 아래에 있는 이들에게 해당되어
모든 입이 다물어지고 온 세상이 하느님 앞에 유죄이니
어느 누구도 율법에 따른 행위로 하느님 앞에 의롭지 않고
율법을 통해서는 다만 죄를 알게 될 따름이기 때문입니다.

(로마 3, 21-31)

믿음으로 의롭게 되는 길

이제 율법과 상관없이 하느님의 의로움이 나타나니
이는 율법과 예언자들이 증언하는 것으로서
예수 그리스도에 대한 믿음을 통하여 나타나는
하느님의 의로움은 믿는 모든 이를 위한 것으로서
거기에는 아무런 차별이 없기 때문입니다.

모든 사람이 죄를 지어 하느님의 영광을 잃었으나
그리스도 예수님 안에서 이루어진 속량을 통하여
그분의 은총으로 우리는 거저 의롭게 되었습니다.

하느님께서는 예수님을 속죄의 제물로 내세우시어
그분의 피로 이루어진 속죄는 믿음으로 얻어지니
사람들이 이전에 지은 죄를 용서하시어
당신의 의로움을 보여 주시려고 그리하신 것입니다.

이 과거의 죄들은 하느님께서 너그럽게 넘기신 것으로
이 시대에는 하느님께서 당신의 의로움을 보여 주시어
당신께서 의로우신 분이시며

예수님을 믿는 이를 의롭게 하시는 분임을 드러내십니다.

그러니 자랑할 것이 어디 있습니까?
전혀 없으니, 무슨 법으로 그리되었습니까?
행위의 법입니까?
아니라, 믿음의 법입니다.

우리는 사람은 율법에 따른 행위와 상관없이
믿음으로 의롭게 된다고 확신하니
하느님은 유다인들만의 하느님이 아니라
다른 민족들의 하느님이시기도 하기 때문입니다.

정녕 하느님은 한 분이시니
그분께서 할례받는 이들도 믿음으로 의롭게 하시고
할례받지 않은 이들도 믿음으로 의롭게 해주십니다.

그렇더라도 우리가 믿음으로 율법을 폐기하지 않으며
그럴 수는 없습니다.
오히려 율법을 바로 세우는 것입니다.

아브라함의 믿음

혈육으로 우리 선조인 아브라함이 찾아 얻은 것을 두고
우리는 그가 무엇을 얻은 것이라고 말해야 합니까?
아브라함이 행위로 의롭게 되었다면 자랑할 만도 하지만
하느님 앞에서는 전혀 그렇지 않습니다.

성경은 이에 대해 무엇이라고 말합니까?
"아브라함이 하느님을 믿으니
하느님께서는 믿음을 의로움으로 인정해 주셨다."

일을 하는 사람에게 품삯이란
선물이 아니라 당연한 보수로 여겨지지만
일하지 않더라도 불경한 자를 의롭게 하시는
분을 믿으면
그 사람은 그 믿음을 의로움으로 인정받습니다.

다윗도 하느님께서 행위와는 상관없이
의로움을 인정해 주시는 이의 행복을 이렇게 노래합니다.
"행복하여라,

그 범법들 사하여지고 그 죄가 가려진 이들이여!
행복하여라,
주님께서 그 죄를 아니 따지시는 이들이여!"

이 행복이 할례 받은 이들에게만 해당합니까?
"하느님께서 아브라함의 믿음을 의로움으로 인정하셨다."
어떤 상황에서 그런 인정을 받은 것입니까?
그가 할례를 받고 난 다음입니까?
아니면 아직 할례를 받지 않았을 때입니까?
할례 받은 다음이 아니라 할례 받지 않았을 때입니다.

그는 할례를 받지 않았을 때 믿음으로 얻은
의로움을 확증하는 표징으로 할례를 받았으니
그가 할례를 받지 않고도 믿는 모든 이의 조상이 되어
그들도 의로움을 인정받게 하려는 것이었습니다.

믿음을 통하여 실현된 하느님의 약속

아브라함과 그 후손들에게 상속자가 되리라는 약속은
율법이 아니라 믿음으로 얻은 의로움으로 주어졌으니
율법에 따라 사는 사람들이 상속자라면
믿음은 의미가 없어지고 약속은 무효가 되고 맙니다.

율법은 진노를 불어 일으키니
율법이 없는 곳에는 범법도 없으며
약속은 믿음에 따라 이루어지고 은총으로 주어집니다.
약속은 모든 후손에게 보장되니
율법에 따라 사는 이 뿐만 아니라
아브라함이 보여준 믿음에 따라 사는 이에게도
그러합니다.

아브라함은 우리 조상이니
"내가 너를 많은 민족의 조상으로 만들겠다."라고
성경에 기록된 그대로입니다.
아브라함은 그가 믿었던 분,
죽은 이들을 다시 살리시고 없는 것을 있도록 불러내시는 하느님 앞에서 우리 모두의 조상이 되었습니다.

그는 희망할 수 없는 상황에서도 희망하며
"네 후손이 저만큼 되리라."라고 말씀하신 대로
"많은 민족의 아버지"가 될 것을 믿었습니다.

백 살이 다 된 그가 이미 죽어 있는 것이나 다름없는
자기 몸과 사라의 죽은 모태를 익히 보고도
그의 믿음은 조금도 약해지지 않았으며
불신으로 의심하기는커녕 오히려 믿음이 굳세어져
하느님을 찬양하였으며
그분께서 약속하신 것을 이루실 것이라고 확신하였으니
하여 하느님께서 그 믿음을 의로움으로 인정하셨습니다.

하느님께서 인정하셨다는 기록은 우리를 위한 것이니
주 예수님을 죽은 이들 가운데서 일으키신 분을 믿는
우리도 인정받을 것이기 때문입니다.
예수님께서는 우리의 죄 때문에 죽음에 넘겨지셨지만
우리를 의롭게 하시려고 되살아나셨습니다.

의롭게 된 이들의 삶과 희망

믿음으로 의롭게 된 우리는 주 예수 그리스도를 통하여
하느님과 더불어 평화를 누리니
믿음으로 우리는 이 은총에 이르는 통로를 얻게 되었으며
하느님의 영광에 참여하리라는 희망을
자랑으로 여깁니다.

우리는 환난 가운데서 오히려 긍지를 지니니
우리가 알고 있듯이
환난은 인내를 자아내고
인내는 단련을, 단련은 희망을 자아내며
희망은 우리를 부끄럽게 하지 않습니다.

우리가 받는 성령을 통하여
하느님의 사랑이 우리 마음속에 부어졌기 때문이니
그리스도께서는 우리가 아직 나약했던 당시에 이미
경건하지 않은 자들을 위해서 돌아가셨습니다.

착한 사람을 위해서라면 누가 죽으려고 나설지 모르지만

의로운 이를 위해서라면 죽을 사람은 거의 없을 것인데
우리가 아직 죄인이었을 때에
그리스도께서 우리를 위하여 돌아가심으로써
하느님께서 우리에 대한 당신의 사랑을 증명하셨습니다.

하물며 우리가 그분의 피로 의롭게 되어 있는 지금에는
그분을 통하여 진노에서 구원되리라는 것은 확실하니
우리가 하느님의 원수이던 때
그분 아드님의 죽음으로 그분과의 화해를 얻게 되었다면
지금 우리가 그분의 생명으로 확실히 구원받을 것입니다.

그뿐이 아니라
우리는 주 예수 그리스도를 통하여 하느님을 자랑하며
이 그리스도를 통하여 이제 하느님과 화해가 이루어진
것입니다.

아담과 그리스도

한 사람으로 말미암아 죄가 세상에 들어왔고
죄로 말미암아 죽음이 들어왔듯이
모두 죄를 지어 모두에게 죽음이 오게 되었습니다.

율법이 있기 전에는 세상에 죄가 있었지만
율법이 없어서 죄가 죄로 헤아려지지 않았으며
아담부터 모세까지는 아담의 범죄를 따라
죄를 짓지 않은 자까지도 죽음이 지배하였습니다.

아담은 장차 오실 분의 예형이니
은사의 경우는 범죄의 경우와 같지 않아서
한 사람의 범죄로 많은 사람이 죽었지만
하느님의 은총과 예수 그리스도 한 사람의 은혜로
많은 사람들에게 은총의 선물이 풍성히 내렸습니다.

이 선물의 경우는 한 사람이 죄를 지은 경우와는 다르니
한 번의 범죄 뒤에 이루어진 심판은 유죄 판결을 받았지만
많은 범죄 뒤에 이루어진 은사는 무죄 선언을 받았습니다.

한 사람의 범죄로 그를 통해 죽음이 지배하게 되었지만
은총과 의로움의 선물을 충만히 받은 이들은
예수 그리스도 한 분을 통하여
더욱더 생명을 누리며 세상을 지배할 것입니다.

한 사람의 범죄로 모든 사람이 유죄 판결을 받았듯이
한 사람의 의로움으로 모든 이가 의롭게 되어 생명을 받고
한 사람의 불순종으로 많은 이가 죄인이 되었듯이
한 사람의 순종으로 많은 이가 의로운 사람이 될 것입니다.

율법이 들어와 범죄가 많아지게 하였으나
죄가 많아진 그곳에 은총이 풍성히 내렸으니
이는 죄가 죽음을 지배한 것처럼
은총도 의로움을 통하여
우리 주 예수 그리스도로 말미암아
영원한 생명에 이르기까지 세상을 지배하게 하려는
것입니다.

(로마 6, 1-14)

그리스도와 하나가 되는 세례

우리가 무엇이라고 말해야 합니까?
은총이 많아지도록 우리가 계속 죄 안에
머물러야 합니까?
결코 그렇지 않으며
죄에서 죽은 우리가 어찌 죄 안에 계속 살 수 있겠습니까?

그리스도 예수님과 하나 되는 세례를 받은 우리가 모두
그분의 죽음과 하나 되는 세례를 받은 것을 모릅니까?
우리는 그분의 죽음과 하나 되는 세례를 통하여
그분과 함께 묻혔으니
그리스도께서 죽은 이들 가운데서 되살아나신 것처럼
우리도 새로운 생명 안에서 거닐 수 있게 되었습니다.

우리가 그분처럼 죽어 그분과 결합되었다면
부활 때에도 분명히 그렇게 될 것입니다.
우리의 옛 인간은 그분과 함께 십자가에 못 박힘으로써
죄의 지배를 받는 몸이 소멸하여
우리가 더 이상 죄의 종노릇을 하지 않게 되었으니

죽은 사람은 이제 죄에서 벗어났기 때문입니다.

우리가 그리스도와 함께 죽었으니
그분과 함께 살게 되리라는 것을 우리는 믿으며
그리스도께서 죽은 이들 가운데에서 되살아나시어
다시는 돌아가시지 않으리라는 것을 우리는 압니다.

죽음은 더 이상 그분 위에 군림하지 못하니
그분께서 돌아가신 것은 죄와 관련하여 단 한 번이었으며
그분께서 사시는 것은 하느님을 위하여 사시는 것입니다.
마찬가지로 그대들 자신도 죄에 대해서는 죽은 것이지만
예수님 안에서 하느님을 위해 살고 있다고 생각하십시오.

하여 죄가 그대들의 몸을 지배하여
그대들이 그 욕망에 복종하는 일이 없도록 하십시오.
그대들의 지체를 불의의 도구로 죄에 내맡기지 말고
죽은 자들 가운데서 살아난 이로서
자기 지체를 의로움의 도구로 하느님께 바치십시오.
죄가 그대들 위에 군림할 수 없으며
그대들은 율법 아래 있지 않고 은총 아래 있습니다.

(로마 6, 15-23)

그리스도인은 의로움의 종

우리가 율법 아래에 있지 아니하고 은총 아래에 있으니
죄를 지어도 좋습니까?
결코 그렇지 않으며
그대들이 어떤 사람에게 자신을 종으로 내맡기어 복종하면
죽음으로 이끄는 죄의 종이나
의로움으로 이끄는 종이거나
그대들이 복종하는 그 사람의 종이라는 사실을
모릅니까?

그대들이 전에는 죄의 종이었지만
이제 그대들은 표준 가르침에 마음으로 순종하게 되었으며
하느님께 감사를 드립니다.

그대들은 죄에서 해방되어 의로움의 종이 되었으니
그대들의 연약한 육을 감안하여
사람들의 방식으로 말하니
한때 불결과 불법에 그대들의 지체를 무법에 빠져 있었듯이
이제 그대들 지체를 의로움의 종으로 바쳐

성화에 이르십시오.

그대들이 죄의 종이었을 때는 의로움에 매이지 않고
그때 지금은 부끄럽게 여기는 것을 행하여
소득을 얻었습니까?
그러한 것들의 종국은 죽음입니다.

이제 그대들이 죄에서 해방되고
하느님의 종이 되어 얻는 소득은 성화로 이끌어 주니
그 종국은 영원한 생명입니다.
죄의 보수는 죽음이지만 하느님의 은사는
우리 주 그리스도 안에서 받는 영원한 생명이기 때문입니다.

율법에서 해방된 그리스도인

형제 여러분,
그대들이 율법을 잘 아는 사람들이기에 말하오니
율법은 사람이 살아있는 동안에만 그를 지배하는 것을
모릅니까?

혼인한 여자는 남편이 살아있는 동안에만
법으로 매여 있나니
남편이 죽으면 그 여자는 남편과 관련된 법에서
풀려납니다.
남편이 살아있는 동안 다른 남자에게 몸을 맡기면
간통이지만
남편이 죽으면 그 여자는 그 법에서 자유로워져
다른 남자에게 몸을 맡기고 살아도 간통한 여자가
아닙니다.

그대들도 이와 같이 그리스도의 몸을 통하여
율법에 대해 죽음으로써
다른 분, 곧 죽은 이들 가운데서 되살아나신 분의

차지가 되었으며
우리는 하느님을 위한 열매를 맺게 되었습니다.

우리가 전에 육 안에 갇혀 있을 때는 율법으로 인한
죄의 정욕들이 우리 지체 안에서 활동하여
죽음에 이르는 열매를 맺게 했으나
이제 우리를 사로잡고 있던 율법에 대해 죽음으로써
거기서 벗어나
옛 법전이 아니라
새로운 영을 따라 하느님을 섬기게 되었습니다.

(로마 7, 7–25)

율법의 역할 – 죄와 죽음

율법이 죄입니까? 결코 그렇지 않으며
율법이 없었다면 나는 죄를 몰랐을 것이며
율법에서 "탐내지 말라."고 하지 않았다면
탐욕을 몰랐을 것이니
이 계명을 빌미로
죄가 내 안에 온갖 탐욕을 일으켜 놓았습니다.

율법이 없으면 죄는 죽은 것으로 나는 전에 율법 없이 살
았으나
계명이 들어오자 죄는 살아나고 나는 죽었으며
생명으로 이끌어야 할 계명이 죽음으로 이끄는 것으로
드러났으니
죄가 계명을 빌미로 나를 속이고 또 그것으로 나를 죽인
것입니다.

율법은 거룩하고 계명도 거룩하고 의롭고 선한 것이라면
그 선한 것이 나에게는 죽음이 되었다는 말입니까?
결코, 그렇지 않고

오히려 죄가 선한 것을 통해 죽음을 가져왔으며
죄가 계명을 통하여 철저히 죄가 되려는 것입니다.

율법은 영적인 것이나 나는 육적인 존재, 죄의 종으로 팔
린 몸으로
나는 내가 하는 것을 이해하지 못하니
나는 내가 바라는 것을 하지 않고 오히려 내가 싫어하는
것을 하니
내가 바라지 않는 것을 한다면 율법이 좋다는 것을 시인
하는 것으로
그런 일을 하는 것은 내가 아니라 내 안에 자리잡고 있는
죄입니다.

여기에서 나는 한 가지 법칙을 발견하니
내가 좋은 일을 하기 바라는데도
악이 바로 내 곁에 있다는 것으로
나의 내적 인간은 하느님의 법을 두고 기뻐하나
내 지체 안에는 다른 법이 있어 내 이성의 법과
대결하고 있으며
그 다른 법이 나를 지체 안에 있는 죄의 법에
사로잡히게 합니다.

비참한 인간, 그것은 바로 나이니
누가 이 죽음의 몸에서 나를 구해 내겠습니까?
주 예수 그리스도를 통하여 나를 구해 주신 하느님께
감사드립니다.
나 자신은 이성으로는 하느님의 법을 섬기지만
육으로는 죄의 법을 섬기고 있습니다.

성령께서 주시는 생명

이제 그리스도 예수님 안에 있는 이들은
단죄 받을 일이 없으며
그분 안에서 생명을 주시는 성령의 법이
그대를 죄와 죽음의 법으로부터 해방시켜 주었기
때문입니다.

율법이 육으로 나약해져 이룰 수 없는 것을
하느님께서 이루셨으니
당신의 아드님을 죄 많은 육의 모습을 지닌
속죄 제물로 보내시어
그 육 안에서 죄를 처단하셨습니다.

그것은 육을 따르지 아니하고 영을 따라 살아가는
우리 안에서
율법이 요구하는 바가 채워지게 하려는 것이었으며
육을 따르는 자들은 늘 육의 일에 마음을 쓰고
영을 따르는 이들은 영의 일에 마음을 씁니다.

육이 마음 쓰는 것은 죽음이요
영이 마음 쓰는 것은 생명과 평화이며
육의 마음은 하느님을 대적하여 하느님의 법에
복종하지 않고
육 안에 있는 자들은 하느님 마음에 들 수 없습니다.

하느님의 영이 그대들 안에 살고 계시기만 하면
그대들은 육 안에 있지 아니하고 영 안에 있으니
누구든지 그리스도의 영을 모시지 않으면 그분의 사람이
아닙니다.

그리스도께서 그대들 안에 계시다면
몸은 비록 죄 때문에 죽은 것이지만
영은 의로움에 이르는 생명이니
예수님을 죽은 자들 가운데서 일으키신 분의 영이
그대들 안에 살면
그분께서 그 영을 통해 그대들의 죽을 몸을 다시
살리실 것입니다.

형제 여러분,
우리는 이제 육에 따라 살도록 육에 빚지고 있지 아니하며

육에 따라 살면 죽을 것이나
영을 따라 육의 행실을 죽이면 살 것입니다.

하느님의 영의 인도를 받는 이는
누구나 하느님의 자녀들이니
그대들은 다시 두려움에 빠뜨리는 종의 영을
받은 것이 아니라
그대들을 자녀로 삼도록 해 주시는 영을 받았으니
이 영 안에서 우리는 "아빠! 아버지" 하고
외치는 것입니다.

바로 이 영께서 우리가 하느님의 자녀임을 증언해 주시며
자녀라면 또한 상속자이니
곧 하느님의 상속자이며 그리스도와는 공동 상속자로
그리스도와 함께 영광을 누리려면 그분과 함께
고난을 받아야 합니다.

(로마 8, 18-30)

고난과 희망과 영광

장차 우리에게 드러날 영광에 비하면
지금 이 시대 우리가 겪는 고난은 아무것도 아니라고
생각하며
피조물은 하느님 자녀들이 나타나기를
애타게 기다리고 있습니다.

피조물이 허무의 지배 아래 든 것은
그렇게 하신 분의 뜻이었고
그것은 희망을 간직하고 있으며
피조물도 멸망의 종살이에서 해방되어
하느님 자녀들이 누리는 영광의 자유를 얻으리라는
희망입니다.

모든 피조물이 지금까지 다 함께 탄식하며
진통을 겪고 있지만
피조물만이 아니라 영의 첫 선물로 받은 우리 자신도
하느님의 자녀가 되기를,
우리 몸의 속량을 기다리며 탄식합니다.

우리는 희망으로 구원을 받았으며
눈에 보이는 것을 희망하는 것은 희망이 아닙니다.
눈에 보이는 것을 누가 희망하겠습니까?
우리는 보이지 않는 것을 희망하기에
우리는 인내로 기다립니다.

성령께서도 연약한 우리를 도와주시니
우리는 어떻게 기도해야 하는지 모르지만
성령께서는 말로 다 할 수 없는 탄식으로
대신 간구하여 주십니다.

마음을 꿰뚫어 보시는 분께서는
성령의 뜻이 무엇인지를 아시며
성령께서 하느님의 뜻에 따라
성도들을 위해 간구하시기 때문이며
하여 우리는 하느님을 사랑하는 이들,
그분의 결정에 따라 부르심을 받은 이들에게는
모든 것이 함께 선을 이룬다는 것을 압니다.

하느님께서는 미리 뽑으신 이들을
당신 아드님의 모상으로 정하셨고

그 아드님께서 많은 형제들 가운데
맏아들이 되게 하셨으니
미리 정하신 이들을 부르시고 그들을 또한
의롭게 하셨으며
의롭게 하신 이들을 또한 영광스럽게 해 주셨습니다.

하느님 사랑과 믿는 이들의 확신

하느님께서 우리 편이시라면
누가 우리를 대적하겠습니까?
아드님마저 아끼지 않으시고 우리를 위해 내어주신 분께서
그 아드님과 함께 모든 것을 우리에게
베풀지 않겠습니까?

누가 감히 하느님께 선택받은 이들을
고발할 수 있겠습니까?
그들을 의롭게 해 주시는 분이 바로 하느님이시니
누가 감히 그들을 단죄할 수 있겠습니까?

죽으시고 부활하시어 하느님 오른편에 앉아 계시며
우리를 위하여 간구해 주시는 분이 그리스도 예수님이시니
무엇이 우리를 그리스도의 사랑에서 갈라놓을 수
있겠습니까?

환난입니까? 역경입니까? 박해입니까?
굶주림입니까? 헐벗음입니까?

위험입니까? 칼입니까?
이는 성경에 기록된 그대로입니다.

"당신 때문에 우리는 온종일 죽임을 당하며
도살되는 양들같이 다루어졌나이다."

우리는 사랑해 주시는 분에 힘입어 이 모든 것을 이겨내니
나는 확신합니다.
죽음도, 삶도, 천사도, 권세도, 현재의 것도, 미래의 것도,
권능도, 저 높은 곳도, 저 깊은 곳도,
그 밖의 어떤 피조물도
우리 주 그리스도 예수님에게서 드러난
하느님의 이 사랑에서 우리를 갈라놓을 수 없을 수
없습니다.

바오로와 이스라엘

나는 그리스도 안에서 진실을 말하고
거짓을 말하지 않으며
나의 양심도 성령 안에서 증언해 주니
큰 슬픔과 끊임없는 아픔이
내 마음속에 자리잡고 있습니다.

육으로는 내 혈족인 동포들을 위해서라면
그리스도로부터 갈라져 기꺼이 저주라도
받고 싶은 심정이며
그들은 이스라엘 사람들입니다.

하느님의 자녀가 되는 자격, 영광, 여러 계약,
율법, 예배, 여러 약속이 그들에게 주어졌으니
그들은 저 조상들의 후손이며
그리스도께서도 육으로는 바로 그들에게서 태어나셨으니
그분은 만물 위에 계시는 하느님으로서
세세에 찬양받으십니다. 아멘.

하느님의 이스라엘 선택

하느님의 말씀이 허사로 돌아간 것은 아니니
이스라엘 태생이라고 해서 모두 이스라엘 백성은
아니기 때문이며
아브라함의 후손이라고 해서 모두 다 그의 자녀가
아닙니다.

"이사악의 대를 이어야 너의 이름을 물려받을 것이다."고
하였으니
이는 육의 자녀가 곧 하느님의 자녀가 되는 것이 아니고
약속의 자녀라야 그분의 후손으로 여겨진다는 뜻입니다.

"이맘때에 내가 다시 올 터인데 그때 사라에게 아들이 있
으리라."
라는 약속의 말씀이며, 그뿐만 아니라
레베카가 한 남자 곧 이사악에게서 잉태하였을 때도
마찬가지로

두 아들이 태어나기도 전에

더구나 그들이 선과 악을 행하기도 전에
하느님께서는 당신 뜻을 지속시키시려고
그것이 사람의 행위가 아니라 당신께 달려 있음을
드러내시려고

"형이 동생을 섬기리라." 하고 레베카에게 말씀하셨나니
이는 성경에 기록된 그대로입니다.
"나는 야곱을 사랑하고 에사우를 미워하였다."

그렇다면 우리가 무엇이라고 말해야 합니까?
하느님께서 불공정하시다고 해야 하겠습니까?
그럴 수는 없습니다.

하느님께서 모세에게 말씀하셨습니다.
"나는 내가 자비를 베풀려는 이에게 자비를 베풀고
동정을 베풀려는 이에게 동정을 베푼다."

그것은 인간의 원의나 노력이 아니라
하느님의 자비에 달렸으니
성경도 파라오에게 이렇게 말합니다.
"내가 너를 일으켜 세운 것은 너로 말미암아

내 권능을 보여주고 내 이름을 온 땅에 널리
알리려는 것이다."

하느님께서는 당신이 원하시는 대로
어떤 사람에게는 자비를 베푸시고
어떤 사람은 완고하게 만드십니다.

하느님의 진노와 자비

이제 그대는 내가 물을 것이니
"그렇다면 하느님께서는 왜 여전히 사람을 책망하십니까?
사실 누가 그분의 뜻을 거역할 수 있겠습니까?"

아, 그대 인간이여!
하느님께 말대답을 하려는 그대는 정녕 누구인가?
작품이 작가에게 "왜 나를 이렇게 만들었소?"라고
말할 수 있으며
찰흙을 주무르는 옹기장이가 한 덩이는 귀한 데 쓰는
그릇으로
다른 한 덩이는 천한 데 쓰는 그릇으로 만들 권리가
없습니까?

하느님께서는 진노를 보이시고 당신 권능을 알리시려고
멸망하게 되어 있는 진노의 그릇들을
큰 인내로 참아 주셨으니
영광을 받도록 미리 마련하신 자비의 그릇들에게
당신의 풍성한 영광을 알리려고 그리하셨습니다.

그분은 우리를 유다인뿐만 아니라
다른 민족들에게서도 부르시니
이는 바로 호세아서에서 말씀하시는 것과도 같습니다.

"나는 내 백성이 아닌 자들을 내 백성이라 부르고
사랑받지 못하는 여인을 사랑받는 여인이라 부르리라.
'너희는 내 백성이 아니다.' 하던 바로 그곳에서
그들은 살아계신 하느님의 자녀라 불리리라."

이사야는 이스라엘을 두고 이렇게 외치니
"이스라엘 자손들의 수효가 바다의 모래 같다 하여도
남은 자들만이 구원을 받을 것이다.
주님께서 땅위에서 말씀을 온전히 서둘러 실현하시리라."

이는 또 이사야가 예언한 그대로이니
"만군의 주님께서 우리에게 후손을 남겨 두지 않으셨다면
우리는 마치 소돔처럼, 고모라처럼 되고 말았으리라."

이스라엘의 잘못된 열성

그러면 이제 우리가 무엇이라고 말해야 하겠습니까?
의로움을 추구하지 않던 다른 민족들이 의로움을,
믿음을 바탕으로 의로움을 얻은 것이니

이스라엘은 의로움의 율법을 추구하였지만
그 율법에 이르지 못하였으며
왜 그렇게 되었습니까?

믿음이 아니라
행위로 찾을 수 있다고 여겼기 때문이니
그들은 걸림돌에 걸려 넘어진 것으로
이는 성경에 기록된 그대로입니다.

"보라, 이제 내가 시온에 부딪치는 돌,
걸려 넘어지게 하는 바위를 놓으리니
그를 믿는 이는 부끄러움을 당하지 않으리라."

형제 여러분,

내 마음의 간절한 바람,
그들을 위해 내가 하느님께 바치는 기도는
그들이 구원을 받게 하려는 것입니다.

사실 나는 그들을 위해 이렇게 증언하오니
그들은 하느님께 대한 열정을 지니고 있습니다.
그러나 그것은 깨달음에 바탕을 둔 열정이 아닙니다.

하느님의 의로우심을 알아보지 못한 탓으로
자기 나름의 의로움을 내세우려고 애쓰면서
하느님의 의로우심에는 복종하지 않았습니다.

그리스도께서 율법의 끝마침이 되시어
모든 이에게 의로움의 되시었고
하여 믿는 이는 누구나 의로움을 얻게 하셨습니다.

모든 사람을 위한 구원

모세는 율법에서 오는 의로움에 관해 이렇게 기록하며
"그것들을 실천하는 이는 그것으로 살 것이다."
믿음에서 오는 의로움에 대해서는 이렇게 말하니
"누가 하늘로 올라갈까 하고 속으로 걱정하지 마라."

이 말씀은 그리스도를 모시고 내려오라는 것이며
"누가 저 깊은 땅속까지 내려갈까 걱정하지 마라."는 말은
그리스도를 죽은 이들 가운데서
모시고 올라오라는 것이며
"그 말씀은 너희에게 가까이 있다.
너희 입과 너희 마음에 있다."라고 하셨으니
이는 우리가 선포하는 믿음의 말씀입니다.

그대가 예수님은 주님이시라고 입으로 고백하고
하느님께서 예수님을 죽은 이들 가운데에서 일으키셨다고
마음으로 믿으면 구원을 받을 것이니
마음으로 믿어 의로움을,
입으로 고백하여 구원을 얻습니다.

"그를 믿는 사람은 누구든지 수치를 당하지 않으리라."라고
성경이 말하니, 유다인과 그리스인 사이에 차별이 없으며
같은 주님께서 모든 사람들의 주님이 되시고
당신을 찾는 모든 사람들에게 풍성한 축복을 내리시니
"주님의 이름을 부르는 이는 누구든지 구원을 얻으리라."

자기가 믿지 않는 분의 이름을 어떻게 부를 수 있겠으며
자기가 들은 적이 없는 분을 어떻게 믿을 수 있겠습니까?
파견되지 않았으면 어떻게 선포할 수 있겠습니까?
이는 성경에 기록된 그대로이니
"기쁜 소식을 전하는 이들의 발이 얼마나 아름다운가!"

모든 사람이 그 복음을 받아들인 것은 아니니
이사야도 이렇게 한탄한 일이 있습니다.
"주님, 저희가 일러 준 말을 누가 믿었습니까?"

믿음은 들음에서 오고
들음은 그리스도의 말씀으로 이루어지니 나는 묻습니다.
그들이 들은 적이 없다는 것입니까? 물론 들었습니다.
"그들의 소리는 온 땅으로
그들의 말은 누리 끝까지 퍼져 나갔도다."

나는 또 묻습니다.
이스라엘 백성이 그것을 알아듣지 못했습니까?
우선 모세의 말을 들어보십시오.
"나는 너희가 내 백성이 아닌 자들을 시기하게 하겠고
어리석은 백성을 보고 화나게 하리라."

이사야는 심지어 이렇게까지 말하니
"나를 찾지도 않는 자들을 내가 만나 주었고
나에 관해 묻지도 않는 자들에게 나를 드러내 보였다."

그러나 이스라엘에 대해서는 이렇게 말하니
"나는 온 종일 내 팔을 벌려 이 백성을 기다렸으나
그들은 순종하지 않고 오히려 나를 거역하고 있도다."

이스라엘의 남은 자들

내가 묻습니다.
하느님께서 당신 백성을 저버리신 것입니까?
결코, 그렇지 않으며
나는 아브라함의 후손으로 벤야민 지파인
이스라엘 사람입니다.

하느님께서는 미리 뽑으신 당신 백성을
저버리지 않으셨으니
그대들은 성경이 엘리야에 관하여 무엇이라고 말하는지,
엘리야가 하느님께 이스라엘을 어떻게 호소하였는지
모릅니까?

"주님, 저들은 당신의 예언자들을 죽이고
당신의 제단을 모조리 헐어버렸습니다.
이제 저 하나 남았는데 제 목숨마저 노리고 있습니다."

하느님께서 무어라고 대답하셨습니까?
"나는 바알에게 무릎을 꿇지 않은 사람 칠천 명을

나를 위해 남겨두었다."

이와 같이 지금도 은총으로 뽑힌 사람들이 남아 있으며
그들은 자기 공로가 아니라 하느님의 은총으로 뽑힌
것이니
그렇지 않다면 은총은 더 이상 은총일 수가 없습니다.

결국, 이스라엘 백성은 자기들이 찾던 것을 얻지 못한,
반면 뽑힌 사람들이 그것을 얻었으며
나머지 사람들은 마음이 더욱 완고해졌으니
성경에 기록된 그대로입니다.

"하느님께서는 그들에게 혼미한 영을 주시어
그들은 눈을 가지고도 보지 못하고
귀를 가지고도 듣지 못하며 오늘에 이르게 되었다."

다윗도 이렇게 말하니
"그들이 벌인 잔치 자리가 오히려 올가미와 덫이 되어
그들이 걸려 넘어져 패망하는 자리가 되게 하여 주소서.
그들의 눈을 어둡게 하여 보지 못하게 하시고
그들의 등은 굽어진 채로 펴지 못하게 하여 주소서."

(로마 11, 11-24)

다른 민족의 구원

그러면 내가 묻습니다.
그들은 비틀거리다가 끝내 쓰러지고 말았습니까?
결코, 그렇지 않습니다.
오히려 그들의 잘못으로 구원이 다른 민족들에게
이르렀으니
그들이 다른 민족들을 시기하게 되었습니다.

그들의 잘못으로 세상이 풍요로워졌다면
그들의 실패로 다른 민족들이 풍요로워졌다면
그들이 모두 믿게 될 때에는 얼마나 더 풍요롭겠습니까?

이제 나는 다른 민족 출신인 그대들에게 말하오니
나는 이민족들의 사도인 만큼 내 직무를 소중하게 여기며
내 혈육에게 질투심을 일으켜
혹시 그들 가운데 몇 사람이라도 구원할 수 있을까
해서입니다.

그들을 물리친 것이 세상의 화해가 되었다면

그들을 맞아들이는 것은
죽음에서 살아나는 것이 아니고 무엇이겠습니까?

반죽이 첫 부분이 거룩하면
나머지 온 덩어리도 그러하며
뿌리가 거룩하면 그 가지들도 그러합니다.

원래의 올리브 나무에서 몇몇 가지가 잘려나가고
야생 올리브인 그대가 그 자리에 접목되어
그 올리브 나무의 기름진 뿌리에서 한몫 얻게 된 것이니
그대는 그 잘려 나간 가지들을 얕보며
잘난 체하지 마십시오.

그대가 뿌리를 지탱하는 것이 아니라,
뿌리가 그대를 지탱하니
가지들이 잘려나간 것은
내가 접목되기 위함이었다고 말한다면,
그것은 옳은 말입니다.

그들이 잘려나간 것은 믿지 않았기 때문이며
그대가 든든하게 서 있는 것은 믿음 때문이니

오만한 생각하지 말고 오히려 두려워하십시오.

하느님께서 본래의 가지도 아까워하지 않으셨으니
그대도 굳이 아끼시지 않을지도 모르니
하느님의 인자하심과 함께 엄격하심도 생각하십시오.

하느님께서는 떨어져 나간 자들에게는 준엄하시지만
그대에게는 인자하게 대하시니
그대는 그 인자하심 안에 머물러 있어야 하니
그렇지 않으면 그대도 잘려나갈 것이기 때문입니다.

그들도 불신을 고집하지 않는다면 다시 접목될 것이니
사실 하느님께서는 그들을 다시 접목하실 능력이 있으시고
그대가 야생 올리브 나무에서 참 올리브 나무에
접목되었다면
본래의 그 가지들이 제 올리브 나무에 접목되는
것이야말로 얼마나 더 쉬운 일이겠습니까?

온 이스라엘의 구원

형제 여러분,
나는 그대들이 이 신비를 알아
스스로 슬기롭다고 여기지 않기를 바라오니
그 신비는 이렇습니다.

이스라엘의 일부가 마음이 완고하게 된 것은
다른 민족들이 모두 다 들어올 때까지 그러리라는 것이며
그다음에는 온 이스라엘도 구원을 받게 되리라는 것이며
이것은 성경에 기록된 그대로입니다.

"구원자가 시온으로부터 와서
야곱으로부터 사악함을 치워 없애리라.
이것이 곧 내가 그들의 죄를 없앨 때
그들과 맺을 나의 계약이다."

복음에 비추어 보면 그들은 그대들을 위해
하느님의 원수가 되었지만
선택받는 것에 비추면, 조상들 덕분에

그들은 여전히 하느님의 사랑을 받는 이들입니다.

하느님의 은사와 부르심은 철회될 수 없는 것이니
그대들도 그전에는 하느님께 순종하지 않았지만
이제는 그들의 불순종으로 도리어 자비를 받았습니다.

그들도 지금은 그대들에게 자비가 베풀어지도록
하느님께 순종하지 않았지만
이제 그들도 자비를 입게 될 것이니
하느님께서 모든 이를 불순종 안에 가두신 것은
모든 이에게 자비를 베푸시려는 것이었습니다.

하느님 찬미가

오! 하느님의 부요와 지혜와 지식의 깊음이여!
정녕 그분의 판단은 감히 헤아려 짐작할 수 없고
그분의 길은 더듬어 찾아낼 수 없도다!

그 누가 주님의 생각을 알 수 있으리오?
그 누가 그분의 조언자가 될 수 있으리오?
그 누가 그분에게 먼저 드리고
그 보답을 받을 수 있으리오?

모든 것은 그분에게서 비롯되고
그분으로 말미암아 있고
그분을 위하여 있으니
그분에게 영광이 세세에 영원토록 있으리라. 아멘.

그리스도인의 새로운 생활

형제 여러분,
하느님의 자비에 힘입어 그대들을 격려하니
그대들의 몸을 하느님께 맞갖은 거룩한 산 제물로
바치십시오.
이것이 바로 그대들이 드려야 하는 합당한 예배입니다.

이 세상을 본뜨지 말고 정신을 새롭게 하여
그대들 자신이 변화되도록 하십시오.
하여 무엇이 하느님의 뜻인지,
무엇이 선하고 무엇이 하느님 마음에 들며
무엇이 완전한 것인지 분별할 수 있게 하십시오.

하느님께서 내게 베푸신 은총에 힘입어 그대들에게 말하니
마땅한 생각에서 벗어나 분수에 넘치는 생각을
하지 마시고
그대들 각자에게 주신 믿음의 몫에 따라
바르게 생각하십시오.

우리가 한 몸 안에 여러 지체를 지니고 있지만
그 지체가 모두 똑같은 기능을 하는 것이 아니듯이
우리도 그리스도 안에 한 몸을 이루며 서로 지체가 되니
하느님께서 베푸신 은총에 따라
서로 다른 은사를 지닙니다.

예언의 은사라면 믿음에 맞추어서 제대로 예언하고
봉사의 은사라면 봉사하는데,
가르치는 이라면 가르치는 일에,
격려하는 이라면 격려하는 일에 힘쓸 것이고,
나누어주는 이라면 사심 없이 순수한 마음으로 나누며
자선을 베푸는 사람이면 기쁜 마음으로 해야 합니다.

그리스도인의 생활 규범

사랑은 거짓이 없어야 하니
그대들은 악을 혐오하고 선을 꼭 붙드십시오.
형제의 사랑으로 서로 깊이 아끼고
서로 존경하는 일에 먼저 앞장서십시오.

열성이 식지 않게 하고
마음이 성령으로 불타오르게 하여
주님을 섬기며 희망 속에 기뻐하고
환난 중에 인내하며 기도에 항구하십시오.

성도들의 어려움을 함께 나누며
나그네 대접에 정성을 다하고
그대들을 박해하는 자를 축복하십시오.
저주하지 말고 오히려 축복해 주십시오.

기뻐하는 이들과 함께 기뻐하고
우는 이들과 함께 우십시오.
서로 합심하고 오만한 생각을 버리고

비천한 이들과 어울리십시오.

스스로 잘났다고 생각하지 마시고
아무에게도 악을 악으로 갚지 말고
모든 사람에게 좋은 일을 해 줄 뜻을 품으며
가능하면 모든 사람과 화목하게 지내십시오.

친애하는 그대들이여,
스스로 복수하지 말고 하느님의 진노에 맡기십시오.
성경에도
"복수는 내 것이니, 내가 갚겠노라."라고 말씀하였으니

오히려 그대의 원수가 주리거든 그를 먹여 주고
그가 목말라하거든 그에게 마실 것을 주십시오.
그렇게 하는 것이 그의 머리에 숯불을 놓은 셈이니
악에 굴복당하지 말고 선으로 악을 굴복하십시오.

그리스도인의 권위

사람은 누구나 위에서 다스리는 권위에 복종해야 하나니
하느님에게서 나오지 않는 권위는 있을 수 없으며
기존하는 권위들도 하느님께서 세우신 것이니
권위에 맞서는 자는 하느님의 질서를 거스르는 것이고
그렇게 거스르는 자들은 스스로 심판을 불러오게 됩니다.

사실 악행을 할 때는 관헌들이 두렵지만
선행을 할 때는 두렵지 않나니
그대가 권위를 두려워하지 않기를 바란다면
선을 행하십시오.
그러면 권위로부터 찬사를 받을 것입니다.

관헌은 그대의 선익을 위해 일하는 하느님의 일꾼으로
그대가 악을 행할 때는 두려워하여야 하니
그들이 공연히 칼을 차고 다니는 것이 아니며
악을 저지르는 자들에게 하느님의 진노를 집행하는 것이니
하느님의 진노 때문이 아니라 양심 때문에 복종해야
합니다.

그대들이 조세를 바치는 것도 이 때문이며
그들은 하느님의 공복으로서 이 일에 정성을 다하니
그대들은 모든 이에게 자기가 해야 할 의무를 다하여
조세나 관세를 내야 할 사람에게는 조세나 관세를 내고
두려워하거나 존경할 사람에게는 그렇게 하십시오.

사랑은 율법의 완성

아무에게도 빚을 지지 마십시오.
그러나 사랑하는 것은 예외이니
남을 사랑하는 이는 율법을 완성하는 것입니다.

"간음해서는 안 된다.
살인해서는 안 된다.
도둑질해서는 안 된다."라는 계명과
그 밖의 어떤 계명이 있을지라도

모두 이 한 마디, "네 이웃을 너 자신처럼 사랑하라."
한 마디로 요약됩니다.
사랑은 이웃에게 악을 저지르지 않으니
사랑은 율법의 완성입니다.

(로마 13, 11-14)

잠에서 깨어날 시간

그대들은 지금이 어떤 때인지 알고 있고
그대들이 잠에서 깨어날 시간이 되었으니
이제 우리가 처음 믿었을 때보다
우리의 구원이 더 가까워졌기 때문입니다.

밤이 물러가고 낮이 가까이 다가왔으니
어둠의 행실을 벗어버리고 빛의 갑옷을 입고
대낮처럼 품위 있게 행동하며
포식과 폭음, 음행과 방탕, 다툼과 시기를 하지 말고
주 예수 그리스도를 입어
욕망을 채우려고 육신을 돌보는 일을 하지 마십시오.

형제를 심판하지 말라

그대들은 믿음이 약한 이를 기꺼이 받아들이시되
그 소신에 시비를 걸지 마십시오.
어떤 이는 무엇이나 다 먹을 수 있다고 생각하지만
믿음이 약한 이는 채소만 먹습니다.

아무것이나 먹는 사람은 가려먹는 사람을 업신여기지 말며
가려먹는 사람은 아무것을 먹는 사람을 심판하지 말고
하느님께서는 그 사람도 받아들이셨기 때문입니다.

그대가 누구이기에 남의 종을 심판하려 드는 것입니까?
그가 서 있든 넘어지든 그것은 그 주인의 소관이지만
그는 서 있게 될 것이니
주님께서 그를 서 있게 할 능력이 있으시기 때문입니다.

어떤 사람은 어느 날이 다른 날보다 중요하다고 여기지만
어떤 사람은 어느 날이나 다 같다고 여기나니
각자는 제 나름의 판단에 확신을 지녀야 합니다.

특정한 날을 특별하다고 생각하는 사람도 주님을 위하고

아무것이나 먹는 사람도 주님을 위해서 그것을 먹으니
그는 그것을 먹으면서 하느님께 감사를 드리며
가려 먹는 사람도 그렇게 하면서 하느님께 감사드립니다.

우리 중에 아무도 자신만을 위해 사는 사람도 없고
자신만을 위해 죽는 사람도 없으니
살아도 주님을 위해 살고 죽어도 주님을 위해 죽습니다.

우리는 살든지 죽든지 주님의 것이니
그리스도께서 죽으셨다가 살아나신 것은
죽은 이들과 산 이들의 주님이 되기 위해서입니다.

그대는 누구이기에 그대의 형제를 심판하며
그대는 누구이기에 그대의 형제를 업신여깁니까?
우리는 모두 하느님의 심판대에 서게 될 것이니
성경에도 이렇게 기록되어 있습니다.

"주님께서 말씀하신다.
내가 살아있는 한 모두 나에게 무릎을 꿇고
모든 혀가 하느님께 찬양을 드리리라."
하여 우리 각자는 하느님 앞에 자기 일을
아뢰게 될 것입니다.

약한 이들에 대한 배려

그러니 더 이상 서로 심판하지 말고
형제 앞에 장애물이나 걸림돌을 놓지 않도록 하십시오.
나는 주 예수님 안에서 알고 있고 또 확신하니
무엇이든지 그 자체로 부정한 것은 없습니다.

다만 무엇이 부정하다고 생각하는 사람이 있다면
그에게 그것이 부정할 따름이니
그대의 형제가 음식 때문에 슬퍼하게 되면
그대는 이미 사랑에 따라 살아가는 것이 아닙니다.

그대의 음식으로 인해 형제를 파멸시키지 마십시오.
그리스도께서 그 사람을 위해 돌아가셨으니
그대의 그 좋은 것이 모욕을 받지 않게 하십시오.

하느님의 나라는 먹고 마시는 일이 아니라
의로움과 평화와 성령 안에서 누리는 기쁨이니
그리스도를 섬기는 이는 하느님 마음에 들며
사람들에게도 인정을 받습니다.

평화와 서로의 성장에 도움이 되는 일에 힘을 쏟으며
음식 때문에 하느님께서 하신 일을 그르치지 마십시오.
모든 것이 다 깨끗하지만
무엇을 먹어 장애가 되는 사람에게는 그것이 해롭습니다.

고기를 먹든 술을 마시든 그 밖에 무엇을 하든
그대의 형제에게 장애가 되는 일은 하지 않는 것이 좋으니
그대가 지닌 신념을 하느님 앞에서도 그대로 지니고
옳다고 여기는 일을 하며 단죄하지 않는 사람은
행복합니다.

의심을 하면서 먹는 사람은 이미 단죄를 받았으니
믿음에서 우러나온 행위가 아니기 때문이며
믿음에서 나오지 않은 것은 무엇이든지 다 죄입니다.

이웃의 마음에 들도록

우리 강한 사람은 약한 사람들의 약점을 참아주어야 하며
자신들이 좋을 대로 해서는 안 되며
우리에게 좋은 일이 생기고 교회의 성장이 이루어지기 위해
이웃의 마음에 들도록 힘써야 합니다.

그리스도께서도 당신 좋을 대로 하시지 않았으니
"당신을 모욕하는 자들의 모욕이 제 위에 떨어졌습니다."
라고 성경에 기록된 대로 하셨기 때문입니다.

성경에 기록된 것은 우리를 가르치려고 기록된 것이니
우리는 성경에서 얻는 인내와 위로로써 희망을 지닙니다.
인내와 위로의 하느님께서
그대들이 그리스도 예수님을 따라 서로 뜻을 같게 하시
어 한 마음, 한 입으로 주 하느님을 찬양하게 되기를 빕
니다.

그대들은 그리스도께서
그대들을 기꺼이 받아들이신 것처럼

하느님의 영광을 위하여 그대들 서로를 받아들이십시오.
나는 단언하니 그리스도께서 하느님 진리를 위해
할례의 종이 되셨습니다.

이는 조상들이 받은 약속을 확인하시고
다른 민족들은 자비하신 하느님을 찬양하게 하시려는
것으로 성경에 기록된 그대로입니다.

"그러므로 나는 민족들 가운데서 당신을 찬양하고
당신 이름에 찬미 노래 바치나이다."
또 이르기를
"민족들아, 그분의 백성들과 함께 즐거워하여라."

또 이렇게 말하니
"모든 민족들아, 주님을 찬양하여라.
모든 겨레들아, 그분을 찬미하여라."

이사야는 또 이렇게 말하니
"이사이의 뿌리에서 줄기가 돋아나리니
그가 일어나 민족들을 다스리고
민족들은 그에게 희망을 걸리라."

희망의 하느님께서 그대들이 믿은 일에
온갖 기쁨과 평화로 가득 채워주시어
그대들의 희망이 성령의 힘으로 더욱 넘치기를 빕니다.

바오로의 사도직

나의 형제 여러분,
나는 그대들에 대해 확신하고 있으니
그대들은 선의가 가득하고 온갖 지식으로 충만하며
서로 타일러 줄 수 있는 능력을 지니고 있습니다.

나는 하느님께서 내게 주신 은총에 힘입어
그대들의 기억을 새롭게 해 드리려고 편지를 쓰면서
어떤 부분에서는 상당히 대담하게 썼습니다.

이 은총은 내가 다른 민족들을 위해 예수님의 종으로
하느님의 복음을 전하는 사제직을 수행하려는 것이며
다른 민족들이 하느님께서 기꺼이 받으시는 봉헌으로
성령 안에서 모두 거룩하게 되도록 하려는 것입니다.

나는 그리스도 예수님 안에서
하느님을 위해 일하는 것을 자랑으로 여기며 나를 통해
그분이 다른 민족들을 복종시키려고 이루신 일 이외는
내가 감히 더 말할 것이 아무것도 없습니다.

그 일은 말과 행동으로
표징과 이적의 힘으로
하느님 영의 힘으로 이루어졌습니다.

그리하여 나는 예루살렘에서 일리리쿰에 이르기까지
두루 그리스도의 복음을 선포하는 일을 완수하였으니
그리스도께서 이미 알려진 곳에 복음을 전하지 않고
오직 알려지지 않은 곳에 전하는 것을 명예로 여기니
남이 닦아 놓은 기초 위에 집을 짓지 않으려는 것입니다.

이는 성경에 기록된 그대로이니
"그에 관하여 전해들은 적이 없는 자들이 보고
그의 소문을 들어 본 적이 없는 자들이 깨달으리라."

바오로의 여행 계획

나는 그대들에게 가려 했지만 여러 번 좌절을 겪었나니
이제 이 지역에서 일할 곳도 없거니와
여러 해 전부터 그대들에게 가고 싶은 소망을 품어 왔으니

내가 스페인으로 가게만 된다면
지나는 길에 그대들을 보고 그대들과 기쁨을 나누고 나서
그대들의 도움을 받아 그곳에 가게 되기를 희망합니다.

지금은 성도들의 심부름을 하기 위해 예루살렘으로 떠나니
마케도니아와 아카이아 신자들이 예루살렘 성도들인
가난한 이들을 위해 나눔을 베풀기로 하였기 때문입니다.

그들은 예루살렘 성도들에게 빚이 있어 그렇게 하였으니
다른 민족들이 그들의 영적 은혜를 나누어 받았으면
그들도 물질적으로 성도들을 돌볼 의무가 있습니다.

하여 나는 이 일을 마치고 이 결실을 확실히 전한 다음
그대들에게 들렀다가 스페인으로 떠날 것인데

그대들에게 가면서
그리스도의 축복을 가지고 갈 것입니다.

형제 여러분,
그리스도를 통하여 성령의 사랑으로 그대들에게 부탁하니
나를 위해 하느님께 기도드리며 나와 함께
싸워 주십시오.

유다에 있는 믿지 않는 자들에게서 내가 구출되고
예루살렘을 위한 구제활동이 성도들에게
기꺼이 받아들여지고
내가 하느님의 뜻에 따라 그대들에게 가서
함께 쉴 수 있도록 그렇게 해 주십시오.
평화의 하느님께서 그대들 모두와 함께 계시기를 빕니다.
아멘.

끝인사와 권고

켕크레애 교회의 일꾼인 자매 포이베를
그대들에게 추천하니
성도들의 품위에 맞게 그를 주님 안에서 맞아들이고
그가 그대들의 도움이 필요하면 무슨 일이든
도와주십시오.
사실 그는 나를 포함하여 많은 사람의 후원자였습니다.

나의 협력자들인 프리스카와 아퀼라에게
안부 전해주십시오.
그들은 생명의 위험을 무릅쓰고
내 목숨을 구하여 주었으니
나뿐만 아니라 다른 민족들의 모든 교회가 고마워합니다.

그들의 집에 모이는 교회에도 안부를 전해주시고
내가 사랑하는 에패네토스에게도 안부를 전해주십시오.
그는 아시아에서 그리스도를 믿은 첫 번째 사람입니다.

내가 주님 안에서 사랑하는 암플리아투스에게

안부 전해주시고
협력자인 우르바노와 사랑하는 스타키스에게
안부 전해주시고
그리스도 안에서 인정을 받은 시련을 이겨낸 아펠레스와
아리스토불로스의 집안 식구들에게 안부 전해주십시오.

나의 동포 헤로디온에게 안부 전해주시고
주님 안에 있는 나르키소스의 집안 식구들에게
안부 전해주시고
주님 안에서 애쓴 트리패나와 트리포사에게
안부 전해주십시오.

주님 안에서 수고를 많이 한 페르시스에게
안부 전해주시고
주님 안에서 선택을 받은 루포스와
나에게 어머니와 같은 그의 어머니에게
안부 전해주십시오.

아싱크리토스, 플레곤, 헤르메스, 파트로바스, 헤르마스,
그리고 그들과 함께 있는 형제들에게 안부 전해주시고
필롤로고스와 율리아, 네레우스와 그의 누이, 올림파스,

그리고
그들과 함께 있는 모든 성도들에게 안부를 전해주십시오.
거룩한 입맞춤으로 서로 인사하십시오.
그리스도의 모든 교회가 그대들에게 안부를 전합니다.

형제 여러분,
내가 그대들에게 당부하니
그대들이 배운 가르침을 벗어나
분열을 일으키고 걸림돌이 되는 자들을 조심하십시오.

그들을 멀리해야 하니
그들은 우리 주 그리스도를 섬기는 것이 아니라
자신들의 뱃속을 섬기는 자들로서
달콤하고 비위에 맞는 말로
순박한 이들의 마음을 속입니다.

그대들의 순종은 모든 이에게 잘 알려져 있으니
나는 그대들의 이 일로 기뻐하면서도
그대들이 선에는 지혜롭고
악에는 물들지 않기를 바랍니다.

평화의 하느님께서 머지않아
사탄을 그대들의 발아래 굴복시켜 주실 것이니
우리 주 예수님의 은총이 그대들과 함께 하시기를 빕니다.

나의 협력자 티모테오와 나의 동포들인 루키오스와 야손,
소시파테르와 이 편지를 받아 쓴 테르티우스,
나와 온 교회의 집주인인 가이오스, 이 도시의 재정관
에라스토스, 그리고 콰르투스 형제가 그대들에게
인사합니다.

종결 찬송

하느님께서는 내가 전한 복음과 예수 그리스도의 선포로써
또 오랜 세월 감추어 두셨던 신비의 계시로
그대들의 힘을 북돋아 주실 능력을 지니신 분이십니다.

이 신비가 이제 영원하신 하느님의 명령에 따라
예언자들의 글을 통하여 모든 민족에게 드러나게 되었고
이들을 믿음의 순종으로 이끌도록 널리 알려지게 되었으니
홀로 지혜로우신 하느님께
예수 그리스도를 통하여 영원토록 영광이 있기를 빕니다.
아멘.

코린토 신자들에게
보낸 첫째 서간

인사와 감사

하느님 뜻으로 그리스도 예수님의 사도로 부르심을 받은
나와 소스테네스 형제가 코린토에 있는 하느님의 교회에
곧 그리스도 예수님 안에서 거룩하게 되어 어디에서나
우리 주 예수님 이름을 받들어 부르는 모든 이들과 함께
성도로 부르심을 받은 그대들에게 인사를 드리오니
그리스도의 은총과 평화가 그대들에게 내리기를 빕니다.

예수님 안에서 그대들에게 베푸신 하느님의 은총 때문에
나는 언제나 그대들을 두고 하느님께 감사를 드립니다.
그대들은 그리스도 안에서 어느 모로나 풍요로워졌으며
은총으로 온갖 언어와 온갖 지식마저 익히게 되었습니다.

그리스도에 관한 증언이 그대들 가운데서 자리잡았으니
그리하여 그대들은 이제 어떠한 은사든지 부족함 없이
그리스도 예수님께서 나타나시기를 기다리고 있습니다.

예수 그리스도의 날에 흠잡을 데가 없는 사람이 되도록
그리스도께서 그대들을 끝까지 굳세게 해 주실 것이며

하느님께서는 진실하시니
바로 그분으로 말미암아
그대들은 예수님과 친교를 맺도록 부르심을 받았습니다.

코린토 교회 분열에 대한 충고

형제인 그대들이여,
나는 그리스도의 이름으로 권고하니
모두 합심하여 그대들 가운에 분열이 없도록 애쓸 것이며
같은 생각과 같은 뜻으로 서로 일치하여 하나가 되십시오.

클로에 집안사람들에 의하면 그대들 사이에 분쟁이 있어
그대들은 "나는 바오로 편이다.", "나는 아폴로 편이다."
"나는 케파 편이다.", "나는 그리스도 편이다."라고 한다니

도대체 우리 주 그리스도께서 갈라지셨다는 말입니까?
바오로가 그대들을 위해 십자가에 못 박히기라도
했습니까?
아니면 그대들이 바오로의 이름으로 세례를 받은 것입니까?

그대들 가운데 크리스포스와 가이오스 외에는 아무에게도
세례를 주지 않은 일을 두고 하느님께 감사를 드리오니
그대들이 내 이름으로 세례받았다고 말할 수 없습니다.

그리스도께서는 세례를 주라고 나를 보내신 것이 아니라
복음을 전하라고 보내셨고
말재주로 하라는 것이 아니었으니
이는 그리스도의 십자가가 헛되지 않게 하려는
것이었습니다.

십자가의 복음

멸망할 자들에게는 십자가에 관한 말씀이 어리석음이나
구원을 받을 우리에게는 하느님의 힘이시니
사실 성경에도 이렇게 기록되어 있습니다.
"나는 지혜롭다는 자들의 지혜를 부수어 버리고
슬기롭다는 자들의 슬기를 치워 버리리라."

현자나 율사나 이 세상의 논객이 어디에 있습니까?
하느님께서는 세상의 지혜를 어리석게 만드셨으니
세상은 하느님의 지혜가 드러나도 알아보지 못하였고
하느님께서는 복음 선포의 어리석음을 통하여
믿는 이들을 구원하시기로 기꺼이 작정하셨습니다.

유대인들은 표징을 구하고 그리스인들은 지혜를 찾지만
우리는 십자가에 못 박히신 그리스도를 선포하니
그분은 유대인들에게 걸림돌, 이방인들에게 어리석음이나

유대인이든 그리스인이든 부르심을 받은 이에게는
하느님의 힘이시며 하느님의 지혜이시니

하느님의 어리석음이 사람들보다 더 지혜로우시며
하느님의 약함이 사람들보다 더 강하기 때문입니다.

형제 여러분, 부르심을 받았을 때를 생각해 보십시오.
세속의 몸으로는 지혜롭거나 유력한 이도 많지 않으며
가문이 훌륭한 이도 많지 않지만, 오히려 하느님께서는

지혜로운 자들을 부끄럽게 하려고 어리석음을 택하시고
강한 것을 부끄럽게 하려고 세상의 약함을 택하셨으니
어느 누구도 하느님 앞에서 자랑하지 못하게 하셨습니다.

하느님께서는 그대들을 그리스도 안에 살게 해 주셨으니
그리스도는 우리에게 하느님에게서 오는 지혜가 되시고
의로움과 거룩함과 속량이 되셨으니
"누구든지 자랑하려거든 주님 안에서 자랑하라."라고
기록한 성경 말씀대로 되려는 것이었습니다.

하느님의 신비, 하느님의 힘

형제 여러분,
내가 그대들에게 갔을 때 탁월한 언변이나 지혜로
하느님의 신비를 전하려 간 것이 아닙니다.

실상 나는 그대들 가운데 있으면서, 예수 그리스도, 곧
십자가에 못 박히신 분 이외에는 아무 생각도 않았으니
그때 나는 약하고 두렵고 무척 떨리기까지 하였습니다.

내 말과 복음 선포도 지혜롭고 설득력 있는 말이 아니라
오직 성령의 힘을 드러내는 것으로 이루어졌으니
그대들의 믿음이 인간의 지혜가 아니라
하느님의 권능에 바탕을 두게 하려는 것이었습니다.

하느님의 지혜

우리는 물론 성숙한 사람들 가운데서는
지혜를 말합니다만
그 지혜는 현세의 것도 멸망할 현세 통치자의 것도 아니니
오히려 그것은 하느님의 신비롭고 감추어져 있었던 지혜
로서 그분께서 우리 영광을 위해 현세 이전에 미리
정하신 겁니다.

현세의 통치자들은 어느 누구도
이 지혜를 깨닫지 못하였으니 그들이 깨달았더라면
주님을 십자가에 못박지 않았을 겁니다.
"어떠한 눈도 본 적이 없고 어떠한 귀도 들은 적이 없으며
사람의 마음에도 떠오른 적이 없는 것들을
하느님께서는 당신을
사랑하는 이들을 위해 마련하셨도다."

하느님께서 당신의 영을 통해
우리에게 그것을 계시하였으니
성령께서는 모든 것을,

하느님의 깊은 비밀도 통찰하시나이다.
그 사람 속에 있는 영이 아니고서야 사람들 중에
어느 누가 그 사람의 생각을 알고 있겠습니까?

하느님의 영이 아니고서는
아무도 하느님 생각을 깨닫지 않고
우리는 세상의 영이 아니라 하느님의 영을 받은 것으로
이는 그분이 베푼 은혜의 선물을 우리가 알아보게
하려는 것입니다.

우리는 인간적인 지혜가 아닌 영으로부터 배운 말로
말하니 이를테면 영적인 것을 영적인 표현으로 설명하는
것입니다.
현세적인 인간은 영으로부터 오는 것을 받아들이지 않으니
그에게 그것은 어리석음으로 깨달을 수 없기 때문이며
그것은 오로지 영적으로만 판단될 수 있기 때문입니다.

반면에 영적인 인간은 모든 것을 판단할 수 있으나
그 자신은 아무에게도 판단 받지 않습니다.
"누가 주님의 마음을 알아
그분에게 조언할 수 있으리오?"
그러나 우리는 그리스도의 마음을 지니고 있습니다.

하느님의 밭, 하느님의 건물

형제 여러분,
나는 그대들에게 영적이 아니라 육적인 사람, 곧
그리스도 안에서는 어린아이들로 대할 수밖에 없으니
그대들에게 단단한 음식이 아니라 젖을 먹였는데
그대들은 그것을 받아들일 수 없었기 때문이며
사실은 아직도 그럴 능력이 없습니다.

그대들은 아직도 육적인 사람들이니
그대들 가운데서 시기와 싸움이 일고 있는데도
그대들은 육적인 사람이 아니라고,
인간의 방식대로 사는 사람이 아니라고 할 수 있습니까?

어떤 사람들은 "나는 바오로 편이다."라고 말하고
다른 이들은 "나는 아폴로 편이다." 하고 있으니
그대들은 속된 사람이 아니라고 할 수 있습니까?

도대체 아폴로는 무엇이며 바오로는 무엇입니까?
우리는 다만 주님께서 우리 각자에게 정해 주신 대로

그대들을 믿음으로 이끈 일꾼일 따름입니다.

나는 씨를 심었고 아폴로는 물을 주었을 뿐이며
그것을 자라게 하시는 분은 오로지 하느님이시니
심는 사람도 물주는 사람도 아무것도 아니며
오직 자라게 하시는 하느님만이 중요합니다.

심는 이와 물주는 이는 같은 일을 하여
각기 수고한 대로 자기 품삯을 받을 뿐이니
실상 우리는 하느님의 협력자들이요
그대들은 하느님의 밭이며 하느님의 건물입니다.

하느님의 성전

나는 하느님의 은총에 따라 건축가로서 기초를 놓았으니
다른 사람은 그 위에 집을 짓고 있습니다.
각자는 자기가 어떻게 그 위에 집을 지을 지 살펴야 하며
아무도 이미 놓인 기초 외에 다른 기초를 놓을 수 없으니
그 기초는 바로 그리스도 예수님이십니다.

누구든지 이 기초 위에 금이나 은이나 보석이나 나무나
풀이나 짚으로 집을 짓는다면
심판 날에 모든 것이 드러나기 때문에
저마다 한 일도 분명히 밝혀지게 될 것이며
실상 그날은 불로 계시될 것이고
저마다 한 일이 어떤 것인지는 그 불이 가려낼 것입니다.

그가 그 기초 위에 지은 건물이 남으면 삯을 받을 것이며
그가 그 기초 위에 지은 건물이 타 버리면 손해를 입어
구원 받겠지만 불 속에서 겨우 목숨을 건지듯 할 것입니다.

그대들은 하느님의 성전으로 영이 거쳐하심을 모릅니까?

하느님의 성전을 파괴하면 하느님도 그를 파멸시키십니다.
그대들이 하느님의 성전이며 성전은 거룩하기 때문입니다.

아무도 그대들 자신을 속여서는 안 되니
그대들 가운데 현세에서 지혜로운 사람이라고 생각한다면
지혜로운 자가 되기 위하여 어리석은 자가 되어야 합니다.

하느님 앞에서는 이 세상의 지혜가 어리석음이기 때문이며
실상 성경에 이렇게 기록되어 있습니다.
"그분께서는 지혜롭다는 자들을
그들의 꾀로 붙잡으신다."
"주님께서는 지혜롭다는 자들의 생각을 아신다.
그것이 허황된 것임을 아신다."
그러므로 아무도 인간을 두고 자랑해서는 안 됩니다.

사실 모든 것은 다 그대들의 것이니
바오로나 아폴로나 케파나 세상이나 삶이나 죽음이나
현재의 것이나 미래의 것이나 모두가 다 그대들 것이지만
그대들은 그리스도의 것이고
그리스도는 하느님의 것입니다.

하느님 신비를 맡은 관리인

우리는 그리스도의 시종이며 하느님 신비를 맡은 관리인
이니 관리인에게 요구되는 것은 성실한 사람으로 드러나
야 합니다.
내가 그대들에게나 사람들 법정에서 심판받든 아무 상관
없고 나 자신을 심판하는 것도 아니므로 양심에 꺼릴 것
이 없지만 내가 무죄라는 것이 아니며 심판하시는 분은
주님이십니다.

하여 주님께서 오실 때까지는 미리 심판하지 마십시오.
그분께서는 어둠 속에 숨겨진 것을 밝히실 것이며
마음속 생각을 드러내실 것이니
그때 그대들 각자 하느님께 칭찬을 받을 것입니다.

형제 여러분,
그대들을 위해 모든 것을
나와 아폴로에게 적용시켜 말하니
"기록된 것에서 벗어나지 마라."는 가르침을
우리가 배워서 그대들이 남을 얕보고

우쭐거리는 일이 없게 하려는 것입니다.

도대체 누가 그대들을 남보다 더 잘났다고 보아 줍니까?
그대들이 가진 것 중에 받지 않은 것이 어디 있습니까?
모두 받은 것이라면 왜 받지 않은 것인 양 자랑합니까?
그대들은 벌써 배가 불렀고 이미 부자가 되었습니다.

그대들은 우리를 제쳐두고 이미 군림하게 되었습니다.
그대들이 참으로 군림하여 우리도 함께 군림할 수 있다면!
하느님께서는 우리 사도들을 사형 선고를 받은 자처럼
가장 보잘것없는 사람으로 세우셨으니
우리는 세상과 천사들과 사람들에게
구경거리가 되었습니다.

우리는 그리스도 때문에 어리석은 사람이 되고
그대들은 그리스도 안에서 슬기로운 사람이 되어
우리는 약하지만, 그대들은 강하며
우리는 멸시를 받는 몸이지만, 그대들은 영예를 누립니다.

우리는 지금 이 시간까지
주리고 목마르며 헐벗고 매 맞으며

정처 없이 떠돌아다니면서 우리 손으로 힘들여 일하니
사람들이 욕을 하면 축복해 주고,
박해하면 견디어 내며 중상비방을 당하면서도
좋은 말로 대해 주니
세상 쓰레기로 만민의 찌꺼기처럼 되었고
지금도 그렇습니다.

하느님께서 아드님을 통하여 말씀하시다

그대들을 부끄럽게 하려고 이런 말을 쓰는 것이 아니라
그대들을 나의 사랑하는 자녀로서 타이르려는 것입니다.
예수님 안에서 선생은 많을지라도 아버지는 많지 않으니
예수님 안에서 복음을 통하여
그대들 아버지가 되었습니다.

그대들에게 권고하오니 나를 본받는 사람들이 되십시오.
그대들에게 주님 안에 충실한 아들 티모테오를 보내니
그는 내가 어디서나 모든 교회에서 가르치는 그대로
예수님 안에서 지켜야 하는 도리들을 일깨워 줄 것입니다.

그대들 중에 어떤 이들은 마치 내가 다시는
그대들에게 가지 않을 것으로 여겨
우쭐거린다고 듣습니다.
주님께서 원하시면 나는 곧 그대들에게 갈 것이며
그때 그 우쭐거리는 이들의 말이 아니라
능력을 알아보겠습니다.
하느님의 나라는 말이 아니라 능력에 달려있기 때문입니다.

그대들은 어느 것을 원합니까?
내가 그대들에게 매를 들고 가는 것입니까?
아니면 사랑과 온유한 마음으로 가는 것입니까?

패륜에 대한 단죄

그대들 가운데 불륜이 있다는 소문, 이교인들 중에도 없
을 패륜, 심지어는 자기 아버지의 아내를 데리고 산다는
소문이 들립니다.
그런데도 그대들은 여전히 우쭐거리다니
오히려 통탄해야 하나니
그런 짓을 행한 자는 공동체에서 제거해야 마땅하지
않겠습니까?

나는 비록 몸으로는 떨어져 있지만, 영으로는 그대들과
함께 있어 나는 그대들과 함께 그런 짓을 한 자에게
벌써 판결을 내렸으니
나는 우리 주 예수님의 이름으로 그렇게 하였습니다.

이제 그대들과 나의 영이
예수님의 권능을 가지고 함께 모일 때
그런 자를 사탄에게 넘겨 그 육체는 파멸하게 하고
그 영은 주님의 날에 구원을 받게 하려는 것입니다.

그대들은 적은 누룩이 온 반죽을 부풀린다는 것을
모릅니까?
그대들의 자만은 좋지 않으니 묵은 누룩을 깨끗이 치우고
그대들은 누룩 없는 빵이 되기 위한 새 반죽이 되십시오.

우리의 파스카 양이신 그리스도께서 희생되셨으니
우리는 묵은 누룩, 곧 악의와 사악이라는 누룩을
쓰지 말고 순결과 진실이라는 누룩 없는 빵을 가지고
축제를 지냅시다.

지난 편지에서 불륜을 저지르는 자들과 상종하지 말라고
했는데 불륜을 저지르는 이 세상들이나 탐욕을 부리는
자들, 강도들이나 우상 숭배자들과
전혀 상종하지 말라는 것이 아닙니다.
그렇다면 그대들이 아예 이 세상 밖으로
나가야 할 것입니다.

교우라고 하는 사람이 그런 일을 저지르면
상종하지 마십시오.
그런 자와는 식사도 함께 하지 마십시오.
내가 어찌 공동체 밖에 있는 사람들을

심판할 수 있겠습니까?
그대들이 심판할 사람들은
안에 있는 사람들이 아니겠습니까?
밖에 있는 사람들은 하느님께서 손수 심판하실 것이오니
그대들은 그대들 가운데서 그 악한 자들을 제거해
버리십시오.

그리스도인들 사이의 송사

그대들 가운데 누가 다른 사람에 대해 송사가 있을 경우에
성도들이 아닌 이교도들에게 가서 재판을 받으려고 한다
니 도대체 어떻게 감히 그럴 수 있습니까?
그대들은 성도들이 이 세상을 심판하리라는 것을
모릅니까?

세상이 그대들에게 심판을 받아야 할 터인데
사소한 송사도 처리할 능력이
그대들에게 없다는 말입니까?
우리는 장차 천사들을 심판하리라는 것을
그대들은 모릅니까?
그런데 이런 일상의 송사가 일어난 경우에도
그대들은 교회에서 대우하지 않는 자를
재판관으로 앉힙니까?

나는 그대들을 부끄럽게 하려고 이 말을 하니
그대들 중 형제들의 시비를 가려 줄 지혜로운 이가
없습니까?

하여 형제가 형제를 고소하고 불신자들 앞에서
재판을 겁니까?
그대들이 서로 고소한다는 것부터가
이미 잘못된 일입니다.

왜 차라리 그대들이 불의한 일을 고스란히 당하지
않습니까?
왜 차라리 다른 이에게 그냥 속아 넘어가 주지 않습니까?
오히려 그대들이 불의한 짓을 행하고 남을 속이며
그것도 형제들에게 그렇게 하고 있습니다.

불의한 자는 하느님 나라에 들어가지 못하리라는 것을
모릅니까?
착각하지 마십시오.
불륜을 저지르는 자도 우상 숭배자도 간음하는 자도 남
창도 비역하는 자도 도둑도 탐욕자도 주정꾼도 중상하
는 자도 강도도 하느님 나라를 차지하지 못합니다.

그대들 중에 전에는 더러 이런 사람들이 있었으나
그대들은 주 예수 그리스도의 이름과 우리 하느님의 영
으로 이제 깨끗이 씻겨 거룩하게 되었고
또 의롭게 되었습니다.

몸은 그리스도의 지체

내게 모든 것이 허용되어 있으나 모두 다 유익하지는 않
으며 내게 모든 것이 허용되어 있으나
어떤 것에도 매이지 않으며
음식은 배를 위하여 있고 배는 음식을 위하여 있다고
하지만 하느님께서는 이것도 저것도 모두 다
없애 버리실 것입니다.

몸은 불륜이 아니라 주님을 위하여 있는 것이니
진정 우리 몸을 위해 주시는 분은 주님이십니다.
하느님께서는 주님을 다시 일으키셨으니
우리도 당신 권능으로 다시 일으켜 주실 것입니다.

그대들의 몸이 곧 그리스도의 지체라는 것을
알지 못합니까?
그리스도의 지체를 떼어 탕녀의 지체로
만들 수 있겠습니까?
탕녀와 결합하는 사람은
그와 한 몸이 된다는 것을 모릅니까?

실상 "둘이 한 몸이 되리라."는 말씀이 있나니
주님과 결합하는 사람은 그분과 한 영이 됩니다.

하여 그대들은 불륜을 멀리하십시오.
사람이 짓는 다른 모든 죄는 몸 밖에서 이루어지지만
불륜을 저지르는 자는 자기 몸에 죄를 짓는 것입니다.

그대들의 몸은 그대들 안에 계시는 성령의 성전이니
그대들은 이제 자신의 것이 아니라는 사실을 모릅니까?
하느님께서는 값을 치르고 그대들을 속량해 주셨으니
이제 그대들의 몸으로 하느님을 영광스럽게 하십시오.

혼인 문제 1

이제 그대들이 내게 써 보낸 것에 관하여 말하니
"남자는 여자와 관계를 맺지 않는 것이 좋다."고 하지만
불륜의 위험이 있으니
모든 남자는 아내를 두고 모든 여자는 남편을 두십시오.

남편과 아내는 서로의 의무를 이행해야 하며
아내의 몸은 아내의 것이 아니라 남편의 것이고
남편의 몸은 남편의 것이 아니라 아내의 것이니
서로 상대방을 혼자 지내지 않도록 하십시오.

그대들이 절제하지 못하는 틈을 타서
사탄이 그대들을 유혹할 수 있기 때문입니다.
다만 기도에 전념하려고 얼마 동안 서로 합의한 경우를
특별한 예외로 하며 다만 그 뒤에 다시 합치십시오.

나는 모든 사람이 나처럼 지낼 수 있기를 바라지만
이 사람은 이런 은사, 저 사람은 저런 은사,
각자 저마다 하느님에게서 고유한 은사를 받습니다.

혼인 문제 2

혼자 사는 이들과 과부들에게 내가 말하니
그대들은 나처럼 그냥 혼자 지내는 것이 좋겠으나
자제할 수 없다면 혼인하십시오.
욕정에 불타는 것보다 혼인하는 편이 낫기 때문입니다.

혼인한 이들에게는 내가 아니라 주님께서 분부하시니
아내는 남편과 헤어져서는 안 됩니다.
만일 헤어졌으면 혼자 지내든가 남편과 화해해야 하며
남편도 아내를 버려서는 안 됩니다.

그 밖의 사람들에게는 주님이 아니라 내가 말하니
어떤 형제에게 신자 아닌 아내가 있는데
그 아내가 계속 남편과 살기를 원하면
그 아내를 버려서는 안 됩니다.

마찬가지로 어떤 부인에게 신자 아닌 남편이 있는데
그가 계속 아내와 함께 살기를 원하면
그 남편을 버려서는 안 됩니다.

신자 아닌 남편은 아내로 말미암아 거룩해졌으며
신자 아닌 아내는 남편으로 말미암아 거룩해졌습니다.
그렇지 않다면 그대들의 자녀도 깨끗하지는 않겠지만
사실은 그들도 거룩합니다.

신자 아닌 쪽에서 먼저 헤어지겠다면 헤어지십시오.
그런 경우 형제나 자매가 속박을 받지 않아도 됩니다.
하느님께서는 그대들을 평화롭게 살라고 부르셨으니
아내 된 이여, 그대가 남편을 구원할 지 혹시 압니까?
남편 된 이여, 그대가 아내를 구원할 지 혹시 압니까?

주님께서 정해주신 삶

그 밖의 그대들 각자는 주님께서 정해 주신대로
하느님께서 부르셨을 당시의 처지대로 살아가십시오.
이것이 내가 모든 교회에 내리는 지시이기도 합니다.

누가 할례받은 몸으로 부르심을 받았습니까?
그렇다면 할례받은 흔적을 없애려고 하지 마십시오.
누가 할례받지 않은 몸으로 부르심을 받았습니까?
그렇다면 굳이 할례를 받으려고 하지 마십시오.

할례를 받았느냐 받지 않았느냐는 중요하지 않습니다.
하느님의 계명을 지키는 일만이 중요합니다.
저마다 부르심 받았을 때의 처지에 그대로 머무십시오.

그대가 부르심을 받았을 때에 남의 종이었습니까?
그것에 마음을 쓰지 마십시오.
자유인이 될 수 있더라도 지금의 상태를 잘 이용하십시오.
주님 안에 부르심 받은 종은 이미 해방된 자유인입니다.

마찬가지로 부르심 받은 자유인은 그리스도의 종입니다.
하느님께서 값을 치루고 그대들을 속량해 주셨으니
그대들은 이제 더 이상 사람의 종이 되지 마십시오.
각자 부르심 받았을 때
처지대로 하느님과 함께 지내십시오.

혼인과 미혼 1

미혼자들에 관해서는 주님의 지시를 받은 바가 없으니
다만 주님의 자비를 입어 믿을 만한 사람으로서의 의견
은 현재의 재난을 고려하면 지금 그대로 있는 것이
좋습니다.

그대는 아내에게 매여 있습니까?
갈라서려고 하지 마십시오.
그대는 아내와 갈라졌습니까?
아내를 다시 얻으려고 하지 마십시오.

그대가 혼인하더라도 죄를 짓는 것은 아니며
처녀가 혼인하더라도 죄를 짓는 것은 아니지만
그렇게 혼인하는 이들은 현세의 고통을 겪을 것이니
나는 그대들에게 그것을 면하게 해주고 싶을 뿐입니다.

형제 여러분,
내가 말하고 싶은 것은
때가 얼마 남지 않았다는 것입니다.

이제부터 아내가 있는 사람은 마치 아내가 없는 사람처럼,

우는 사람은 울지 않는 사람처럼,

기뻐하는 사람은 기뻐하지 않는 사람처럼,

물건을 산 사람은 그것을 가지고 있지 않은 사람처럼,

세상을 이용하는 사람은 이용하지 않는 사람처럼

사십시오.

이 세상의 형체가 사라지고 있기 때문입니다.

혼인과 미혼 2

나는 그대들이 걱정 없이 살기를 바라니
혼인하지 않은 남자는 어떻게 하면 주님을
기쁘게 해 드릴 수 있을까 하고 주님의 일을 걱정하고
혼인한 남자는 어떻게 하면 아내를 기쁘게 할 수 있을까
하고 세상일을 걱정하여 마음이 갈라집니다.

남편이 없는 여자와 처녀는 몸으로나 영으로나
거룩해지려고 주님의 일을 걱정합니다.
혼인한 여자는 어떻게 하면 남편을 기쁘게 할 수 있을까
하고 세상일을 걱정합니다.

나는 그대들 자신의 이익을 위하여 이 말을 하니
그대들에게 굴레를 씌우려는 것이 아니라 방해를 받지
않고 품위 있고 충실하게 주님을 섬기게 하려는 것입니다.

누가 만일 자기 약혼녀에게
잘못한다는 생각과 열정까지 넘쳐

꼭 혼인해야 한다고 생각한다면 원하는 대로 하십시오.
그들이 죄를 짓는 것이 아니니, 두 사람은 혼인하십시오.

마음속으로 뜻을 굳건히 하고 강요 없이 의지를 제어하
여 약혼녀를 그대로 두겠다고 작정하였다면 잘하는 것입
니다.
이와 같이 자기 약혼녀와 혼인하는 사람도 잘하는 것이
고 혼인하지 않는 사람은 더욱 잘 하는 것입니다.

아내는 남편이 살아 있는 동안만 남편에게 매여 있습니다.
남편이 죽으면 원하는 다른 남자와 혼인할 자유가 있습
니다.
다만 그 일은 주님 안에서 이루어져야 합니다.
내 의견으로는 과부도 그대로 지내는 것이 더 행복합니다.
나 역시 하느님 영을 모시고 있다고 생각하기 때문입니다.

우상에게 바쳤던 제물 1

우리가 모두 지식이 있다는 것을 알고 있지만
지식은 교만하게 하고 사랑은 성장하게 하니
우상에게 바쳤던 제물에 관하여 말합니다.

자기가 무엇을 안다고 자부한다면
마땅히 알아야 할 것을 아직 알지 못하는 것이오나
하느님을 사랑하는 사람은 하느님께서도 알아주십니다.

우상에게 바쳤던 제물과 관련하여
우리는 "세상에 우상이란 없다."라는 것과
"하느님은 한 분밖에 계시지 않는다."라는 것을 알며
하늘에도 땅에도 이른바 신들이 있다 하지만
과연 신도 많고 주님도 많습니다마는
우리에게는 하느님 아버지 한 분이 계실 뿐입니다.

모든 것이 그분에게서 나왔고
우리는 그분을 향하니
주님은 예수 그리스도 한 분이 계실 뿐이며
모든 것이 그분으로 말미암아 있고
우리도 그분으로 말미암아 존재합니다.

우상에게 바쳤던 제물 2

누구나 다 지식이 있는 것은 아님을 고려해야 하니
어떤 이들은 아직까지도 우상에 익숙해져 있기 때문에
우상에게 바쳤던 제물을 정말로 그렇게 알고 먹습니다.
그리고 그들의 약한 양심을 더럽힙니다.

음식이 우리를 하느님께 가까이 데려다 주지 않으며
그것을 안 먹는다고 우리 형편이 나빠지는 것이 아니고
그것을 먹는다고 우리 형편이 나아지는 것도 아니지만
다만 그대들의 이 자유가
믿음이 약한 이들에게
장애가 되지 않도록 조심하십시오.

지식인인 그대가 우상의 신전에서 먹는 것을 누가 본다면
그의 약한 양심도 용기를 얻어 그것을 먹지 않겠습니까?
약한 그 사람은 그대의 지식 때문에 멸망할 수 있습니다.

그리스도께서는 그 형제를 위해서도 돌아가셨으니
그대들이 이렇게 형제들에게 죄를 짓게 하여

약한 그들의 양심에 상처를 입히는 것은
그리스도께 죄를 짓는 것입니다.

그러므로 음식이 내 형제를 걸려 넘어지게 한다면
나는 영영 고기를 먹지 않겠으니
그것은 내 형제를 걸려 넘어지지 않게 하려는 것입니다.

사도의 본보기 1

내가 자유인이 아니며 사도가 아니란 말입니까?
내가 우리 주 예수님을 뵙지 못하였다는 말입니까?
그대들이 바로 주님 안에서 이루어진 나의 업적이니

내가 다른 이들에게는 사도가 아닐지라도
그대들에게는 분명히 사도입니다.
그대들은 주님 안에 이루어지는 내 사도직 증표입니다.

나를 심판하는 자들에게 나는 이렇게 변론하니
우리는 먹고 마실 권리가 없다는 말입니까?
우리는 다른 사도들이나 주님의 형제들이나 케파처럼
신자 아내를 데리고 다닐 권리가 없다는 말입니까?

나와 바르나바는 따로 일하지 않아도 될 권리가 없습니까?
자기 비용을 대면서 군대 복무하는 사람이 어디 있습니까?
양떼를 치면서 그 젖을 먹지 않는 사람이 어디 있습니까?
내가 인간의 관례에 따라 이런 이야기를 하는 것입니까?

율법에 "타작하는 소에게 부리망을 씌우지 말라." 하였으니
하느님께서 소에게 마음을 쓰시는 것이 아니라
우리를 위해 말씀하시고 율법에 그렇게 기록된 것입니다.

밭을 가는 이는 마땅히 희망을 가지고 밭을 갈고
타작하는 이는 제 몫을 받으리라는 희망으로 그 일을 하
니 우리가 그대들에게 영적인 씨를 뿌렸다면 그대들에게
서 물질적인 것을 거두는 것이 지나친 일입니까?

다른 이들이 그대들에게 그러한 권리를 갖는다면
우리야 더욱 그러하지만
우리는 그 권리를 행사하지 않습니다.
그리스도의 복음에 지장을 주지 않으려고
모든 것을 견딥니다.

사도의 본보기 2

성전에서 봉직하는 이들은 성전에서 양식을 얻고
제단 일을 맡은 이들은 제단 제물을 나누어 갖고
주님께서 복음을 전하는 이는 복음으로 생활하라
지시하였지만
나는 그러한 권리를 하나도 행사하지 않았으며
나에게 그렇게 해 달라고 이런 말을 쓰는 것은
더욱 아니니 그러느니 차라리 죽는 편이 더 낫습니다.

아무도 나의 자랑거리를 헛되이 하지 못할 것이니
내가 복음을 선포한다고 해서 나에게 자랑거리는 아니며
나에게는 어찌할 수 없는 의무이기 때문이니
내가 복음을 선포하지 않는다면
나는 참으로 불행할 것입니다.

내 자유의사로 이 일을 하니 품삯을 요구할 권리가 있겠
지만 하는 수 없이 한다면 나에게 직무가 맡겨진 것이니
그렇다면 내가 받는 품삯은 무엇이겠습니까?

나의 권리를 행사하지 않고 복음을 거저 전하는 것입니다.

자유인이지만 많은 사람을 얻으려고
모든 이의 종이 되었으니
유다인을 얻으려고 유다인들에게는 유다인처럼 되었으며
율법 아래에 있는 이들을 얻으려고 그들에게는
율법 아래에 있지 않으면서 율법 아래에 있는
사람처럼 되었고
율법 안에 있으면서 율법 밖에 있는 사람들을 얻으려고
율법 밖에 있는 사람들에게는 율법 밖의 사람처럼 되었
습니다.

약한 이들을 얻으려고 약한 이에게는
약한 사람처럼 되었으니
나는 어떻게 해서든지 몇 사람이라도 구원하려고
모든 이에게 모든 것이 되었고
복음을 위해 모든 일을 합니다.
나도 복음에 동참하려는 것입니다.

월계관

그대들은 경기장에서 달리기하는 이들이 모두 달리지만
상을 받는 사람은 결국 한 사람뿐이라는 것을 모릅니까?
이와 같이 그대들도 상을 받을 수 있도록 달리십시오.

모든 경기자는 모든 일에 절제를 하며
그들은 썩어 없어질 월계관을 얻으려고 그렇게 하지만
우리는 불멸의 월계관을 얻으려고 그리하는 것입니다.

하여 나는 목표가 없는 것처럼 멍청하게 달리지 않습니다.
권투를 하면서 허공을 치는 것처럼 권투를 하지 않습니다.
나는 내 몸을 단련하여 복종시키니
다른 이들에게 복음을 선포하고 나서,
나 자신이 실격자가 되지 않으려는 것입니다.

이스라엘 역사가 주는 교훈

나는 형제인 그대들이 이 사실을 알기를 바라니
우리 조상들은 모두 구름 아래 있었고 바다를 건넜으니
구름과 바다에서 세례받아 모세와 하나가 되었습니다.

그들 모두 똑같은 영적 음식과 영적 음료를 마셨고
그들은 영적 바위에서 솟는 물을 마셨는데,
그 바위가 곧 그리스도이셨습니다.
하느님께서는 그들 대부분을 어여삐 여기지 않으셨으니
실상 그들은 광야에서 쓰러져 죽었습니다.

이 일은 우리를 위한 본보기로 일어났으니
악을 탐했던 그들처럼 우리는 악을 탐하지 말아야 합니다.
"백성은 앉아서 먹고 마시고 일어나 흥청거리며 놀았다."
고 성경에 기록되어 있으니
그대들은 어떤 자들처럼 우상 숭배자가 되지 마십시오.

그들 가운데 어떤 자들이 주님을 시험한 것처럼

우리는 그리스도를 시험하지 않도록 합시다.
그들은 뱀에 물려 죽었으니
그대들은 투덜거리지 마십시오.

이 일들은 본보기로 그들에게 일어난 것인데
세상 종말에 다다른 우리에게 경고가 되라고 기록되었으니
서 있다고 생각하는 이는 넘어지지 않도록 조심하십시오.

그대들에게 닥친 시련은
인간으로서 견디지 못할 시련이 아니며
하느님은 성실하시고
능력 이상으로 시련을 겪지 않게 하십니다.
그분께서는
시련과 함께 그것을 벗어날 길도 마련해 주십니다.

(1 코린 10, 14-22)

성찬례와 이교 제사

사랑하는 형제인 그대들이여,
우상 숭배를 멀리하십시오.
나는 그대들을 분별할 줄 아는 사람으로 여겨 말하니
내가 하는 말을 스스로 잘 판단하십시오.

우리가 축복하는 잔은
그리스도의 피에 동참하는 것이 아니며
우리가 떼는 빵은
그리스도의 몸에 동참하는 것이 아닙니까?
빵이 하나이므로 우리는 여럿일지라도 한 몸이며
우리는 모두 하나의 빵을 함께 나누기 때문입니다.

역사상의 이스라엘 백성들을 보십시오.
희생 제물을 먹는 이는 모두
제단에 동참하는 이가 아닙니까?
우상에 바쳤던 제물이나 우상이
무엇이라도 된다는 말입니까?

그들이 바치는 제물은 하느님이 아니라 마귀에게 바치는
거니 나는 그대들이 마귀들과 상종하는 자가 되지 않기
를 바랍니다.

그대들이 주님의 잔도 마시고
마귀의 잔도 마실 수는 없으며
주님의 식탁에도, 마귀의 식탁에도
함께 참여할 수는 없으니
아니라면 우리가 주님을 질투하시게 하려는 것입니까?
혹은 우리가 주님보다 더 강하다는 말입니까?

무슨 일이나 하느님의 영광을 위하여

"무슨 일이나 다 할 수 있다."고 해서
모든 것이 이롭지는 않고
"모든 것이 허용된다."고 해서
다 성장에 도움이 되지 않으니
자기에게 좋은 것을 찾지 말고
남들에게 좋은 것을 찾으십시오.
시장에서 파는 것은 양심을 따져 보지 말고
모두 다 드십시오.

"세상과 그 안에 가득 찬 것들이 주님의 것"이기 때문이니
불신자 가운데 누가 그대들을 초대하였고
거기에 그대들이 가고자 원하면
양심을 따져 보지 말고 차려진 것은
무엇이든지 다 드십시오.

누가 그대들에게 "이것은 제물로 바쳤던 것입니다."고
말하거든

그것을 알린 사람과 그 양심을 생각하여
그것을 먹지 마십시오.
내가 말하는 양심은 그대들이 아니라
다른 사람의 양심입니다.
무엇 때문에 내 자유가 남의 양심으로
판단을 받아야 하겠습니까?
내가 감사하는 마음으로 식사를 함께 하면,
내가 감사하는 그 음식 때문에 비난받을 까닭이
어디 있겠습니까?

그러므로 그대들은 먹든지, 마시든지,
그리고 무슨 일을 하든지
모든 것을 하느님의 영광을 위하여 하십시오.
유다인에게도 그리스인에게도 교회에도
훼방꾼이 되지 마십시오.

나는 무슨 일을 하든지 모든 사람을 기쁘게 하려고 애쓰니
나는 많은 사람들이 구원을 받을 수 있게 하기 위하여
내가 아니라 그들에게서 유익한 것을 추구하였습니다.

전례 때에 지녀야 할 자세

내가 그리스도를 본받는 것처럼
그대들도 나를 본받으십시오.
모든 일에서 나를 기억하고 내가 전한 전통을 유지하기
때문에 나는 그대들을 칭찬하여 마지않습니다.

모든 남자의 머리는 그리스도이시고 아내의 머리는 남편
이며 그리스도의 머리는 하느님이심을 그대들이 알기를
바라니 어떠한 남자든지 머리에 무엇을 쓰고 기도하거나
예언하면 그는 자기의 머리를 부끄럽게 하는 것입니다.

어떠한 여자든지 머리를 가리지 않고 기도하거나 예언하면
그녀는 자기의 머리를 부끄럽게 하는 것입니다.
그러한 여자는 머리가 깎인 여자와 똑같으니
여자가 머리를 가리지 않으려면
아예 머리를 밀어 버리십시오.
그렇게 하는 것이 부끄러운 일이라면 머리를 가리십시오.

주님의 만찬

그대들의 모임이 서로에게 이익이 아니라 해를 끼치고 있
으니 나로서는 그대들을 도저히 칭찬할 수 없으며
이제 내가 이 문제에 대해 아래와 같이 지시하려는
것입니다.

교회 모임을 가질 때 그대들 사이에 분열이 있다는 말이
들리고 나는 그것이 어느 정도 사실이라고 믿습니다.
그대들 가운데 분파도 있어야 참된 이들이 드러날 것이지
만 그대들이 한데 모여서 먹는 것은 주님의 만찬이
아닙니다.

저마다 먼저 자기 것으로 저녁 식사를 하기 때문에
어떤 이는 배가 고프고 어떤 이는 술에 취한다니
그대들은 먹고 마실 집이 없다는 말입니까?
교회를 업신여기고 가난한 이들을 부끄럽게 하려는
것입니까?

나는 주님에게서 받은 것을 그대들에게 전해 주었으니

예수님께서는 잡히시던 날 밤에 빵을 들고
감사를 드리신 다음,
그것을 떼어 주시며 말씀하셨습니다.
"이는 너희를 위한 내 몸이니,
나를 기억하여 이를 행하여라."

또 만찬을 드신 뒤에 같은 모양으로 잔을 들어
말씀하셨으니
"이 잔은 내 피로 맺는 새 계약이다.
너희는 이 잔을 마실 때마다 나를 기억하여
이를 행하여라."
빵을 먹고 잔을 마실 때마다
주님의 죽음을 전하는 것입니다.

그러므로 부당하게 주님의 빵을 먹거나 그분의 잔을
마시는 자는 주님의 몸과 피에 죄를 짓게 되니
각자는 자신을 돌이켜 보고 이 빵을 먹고
이 잔을 마셔야 합니다.

주님의 몸을 분별없이 먹고 마시는 자는
자신에 대한 심판을 먹고 마시는 것입니다.

우리가 자신을 잘 분별하면 심판을 받지 않을 것이오니
주님은 이 세상과 함께 단죄 받지 않도록
우리를 가르쳐 주십니다.

그대들은 만찬을 먹으려고 모일 때에는
서로 기다려 주십시오.
배가 고픈 사람은 집에서 미리 먹어
그대들의 모임이 심판받는 일이 없게 하십시오.
그 밖의 일은 내가 가서 일러주겠으니 기다리십시오.

하나이신 성령과 여러 은사

형제 여러분,
나는 그대들이 성령의 은사에 관해서도 알기를 바라니
그대들이 이교인이었을 때 말도 하지 못하는
우상들에게 이끌려
정신없이 휩쓸렸다는 것을 그대들은 알고 있습니다.

내가 그대들에게 일러두니
하느님 영에 따라 말하는 이는
"예수는 저주 받아라." 할 수 없고
성령에 따르지 않고 아무도
"예수님은 주님이시다." 할 수 없습니다.
은사는 여러 가지지만 성령은 같은 성령이시며
직분은 여러 가지지만 주님은 같은 주님이십니다.
활동은 여러 가지지만 모든 사람 안에서
모든 활동을 일으키시는 분은 같은 하느님이십니다.

하느님께서 각자에게 공동선을 위해 성령을 보내 주시니

그리하여 어떤 이에게는 성령을 통하여 지혜의 말씀이,
어떤 이에게는 같은 성령에 따라 지식의 말씀이 주어지며
어떤 이에게는 같은 성령 안에서 믿음이,
어떤 이에게는 그 성령 안에서 치유의 은사가 주어집니다.

어떤 이에게는 기적을 일으키는 은사가,
어떤 이에게는 예언을 하는 은사가,
어떤 이에게는 영들을 식별하는 은사가,
어떤 이에게는 여러 가지 신령한 언어를 말하는 은사가,
어떤 이에게는 신령한 언어를 해석하는 은사가 주어집니다.

이 모든 것을 한 분이신 같은 성령께서 일으키시니
그분께서는 당신이 원하시는 대로
각자에게 그것들을 따로따로 나누어 주십니다.

하나인 몸과 여러 지체 1

마치 몸은 하나이지만 여러 지체를 지니고 있으며
그 몸의 지체는 여럿이지만 모두 한 몸인 것처럼
그리스도께서도 그러하십니다.

우리는 한 성령 안에서 세례를 받아 한 몸이 되었으니
유다인이든 그리스인이든 종이든 자유인이든 모두
한 성령을 받아 마셨습니다.

몸은 한 지체가 아니라 여러 지체로 되어 있으니
발이 "나는 손이 아니니 몸에 속하지 않는다."고 해서
몸에 속하지 않는 것이 아닙니다.
귀가 "나는 눈이 아니니 몸에 속하지 않는다."고 해서
몸에 속하지 않는 것이 아닙니다.

만일 온몸이 눈이라면 듣는 일은 어떻게 하겠습니까?
만일 온몸이 귀라면 냄새 맡는 일은 어떻게 하겠습니까?
사실 하느님께서 당신이 원하시는 대로

각각의 지체들을 그 몸에 만들어 놓으셨습니다.

모두 한 지체로 되어 있다면 몸은 어디에 있겠습니까?
사실 지체는 여럿이지만 몸은 하나이니
눈이 손에게 "나는 네가 필요 없다."고 말할 수 없고
머리가 발에게 "나는 네가 필요 없다."고 말할 수 없습니다.

몸의 지체 가운데 약하다고 여겨지는 것이 더 요긴하니
몸에서 덜 소중하다고 여기는 것들을 더 소중하게 감싸며
볼품없는 지체일수록 더 품위 있게 다루고 곱게 꾸밉니다.

하느님께서는 모자라는 지체일수록 더 큰 영예를 주시면
서 몸을 짜 맞추셨으니 몸에 분열이 생기지 않고
지체들을 서로 똑같이 돌보게 하셨습니다.

한 지체가 고통을 겪으면 모든 지체가 함께 고통을 받으며
한 지체가 영광을 받으면 모든 지체가 함께 기뻐하니
그대들은 그리스도의 몸이고
그대들 각자가 그 지체입니다.

하나인 몸과 여러 지체 2

하느님께서 교회 안에 세우신 이들은
첫째가 사도들, 둘째가 예언자들, 셋째가 교사들이며
그다음 기적의 은사, 치유의 은사, 도움의 은사,
지도의 은사,
여러 가지 신령한 언어를 말하는 은사를 받은 이들입니다.

모두가 다 사도일 수는 없지 않습니까?
모두가 다 예언자일 수는 없지 않습니까?
모두가 다 교사일 수는 없지 않습니까?
모두가 다 기적을 행할 능력을 지닐 수는 없지 않습니까?

모두가 다 치유의 은사를 지닐 수는 없지 않습니까?
모두가 다 신령한 언어로 말할 수는 없지 않습니까?
모두가 다 신령한 언어를 해석할 수는 없지 않습니까?
그대들은 더 큰 은사를 간절한 마음으로 구하십시오.

사랑

.

이제 내가 그대들에게 더욱 더 탁월한 길을 보여드리오니
내가 인간의 여러 언어와 천사의 언어를 말한다 할지라도
나에게 사랑이 없다면
나는 소리 나는 징이나 요란한 꽹과리에 지나지 않습니다.

내가 예언의 은사를 지니며 모든 신비와 지식을 깨달으며
내가 산을 옮길만한 큰 믿음을 지니고 있다고 하더라도
나에게 사랑이 없다면 나는 아무것도 아닙니다.
내가 모든 재산을 나누어 주고 내 몸마저 넘겨준다 해도
사랑이 없다면 나에게는 아무 소용이 없습니다.

사랑은 참고 기다립니다.
사랑은 친절합니다.
사랑은 시기하지 않습니다.
사랑은 자랑하지 않으며 교만하지 않습니다.
사랑은 무례하지 않고 자기 이익을 찾지 않습니다.

사랑은 성을 내지 않고 앙심을 품지 않습니다.

사랑은 불의에 기뻐하지 않고 진실을 두고 기뻐합니다.
사랑은 모든 것을 덮어 주고 모든 것을 믿으며
모든 것을 바라고 모든 것을 견디어 냅니다.

사랑은 언제까지나 스러지지 않습니다.
예언도 없어지고 신령한 언어도 그치고 지식도 사라집니다.
우리는 다만 부분적으로 알고 부분적으로 예언할 뿐이
오나 온전한 것이 오면 부분적인 것은 이내 사라지기 마
련입니다.

내가 아이였을 때는
아이처럼 말하고 아이처럼 생각하고
아이처럼 헤아렸습니다.
어른이 되어서는 아이 때의 것들을 그만두었으니
우리가 지금은 거울에 비친 모습처럼 어렴풋이 보지만
그때에는 얼굴과 얼굴을 마주 볼 것입니다.

내가 지금은 부분적으로 알 뿐이지만
그때에는 하느님께서 나를 온전히 아시듯이
나도 온전히 알게 될 것이니
이제 믿음과 희망과 사랑 이 세 가지는 계속될 것이며
그 가운데에서 으뜸은 사랑입니다.

신령한 언어와 예언 1

사랑을 추구하며 성령의 은사,
특히 예언의 은사를 구하십시오.
신령한 언어로 말하는 이는 사람이 아니라
하느님께 말씀드리오니
사람은 아무도 알아듣지 못하기 때문이며
성령의 신비로 말합니다.

예언하는 이는
사람을 성장하게 하고 격려하고 위로의 말을 하며
신령한 언어는
자신을 키우지만 예언하는 이는 교회를 성장시키니
나는 그대들이 모두
신령한 언어로 말할 수 있기를 바라지만
그보다는 그대들이 모두 예언할 수 있기를 더 바랍니다.

누가 해석을 해주어
교회의 성장에 도움을 주는 경우가 아니라면
신령한 언어로 말하는 이보다는

예언하는 이가 더 훌륭하니
내가 그대들에게 가서 신령한 언어로 말한다 한들,
계시나 지식이나 예언이나 가르침을 주지 않으면
소용이 없습니다.

가령 피리나 수금처럼 생명 없는 악기들도
나름대로 소리를 내지만
그 가락이 분명하지 않으면
피리나 수금의 곡을 누가 알아듣습니까?
나팔이 확실하지 않은 소리를 낸다면
누가 전투 준비를 하겠습니까?

그대들도 신령한 언어로 말할 때에
분명하지 않은 말을 하면
그 말을 어떻게 사람들이 알아들을 수 있겠습니까?
그것은 허공에 대고 말하는 셈입니다.

세상에는 수많은 종류의 언어가 있지만
의미 없는 언어는 없으니
내가 어떤 언어의 뜻을 알지 못하면
그 언어를 말하는 이에게

나는 외국인이며 그 언어를 말하는 이는
나에게 외국인입니다.

그대들도 마찬가지이니
그대들은 성령의 은사를 열심히 구하는 사람들로
교회의 성장을 위하여 그것을 더욱 많이 받도록
애쓰십시오.

신령한 언어와 예언 2

신령한 언어로 말하는 이는 해석도 할 수 있도록 기도하
십시오.
내가 신령한 언어로 기도하면 나의 영은 기도하지만
나의 이성은 아무 수확이 없으니 어떻게 해야 하겠습니까?
나는 영으로 기도하면서 이성으로도 기도하겠습니다.

그대가 영으로만 찬미하면
그 말을 알아듣지 못하는 초심자가
어떻게 그대의 감사 기도에 "아멘" 하고
응답할 수 있겠습니까?
그대야 감사를 드리지만
다른 이는 성장에 도움 받지 못합니다.

나는 그대들 가운데 누구보다 더
신령한 언어로 말할 수 있으나
나는 교회에서 신령한 언어로 만 마디 말을 하기보다
남을 가르칠 수 있게

내 이성으로 다섯 마디 말을 하고 싶습니다.

형제인 그대들이여,
생각하는 데에는 어린 아이가 되지 마십시오.
악에 대해서는 아이같이 되고 생각하는 데에는
어른이 되십시오.

율법에 이렇게 기록되어 있으니
"'내가 또 다른 신령한 언어로 말하는 자들을 통하여
다른 나라 사람들의 입술을 통하여 이 백성에게 말할지
라도 그들은 내 말을 귀담아듣지 않으리라.'고
주님께서 말씀하신다."

신령한 언어는 믿는 자가 아니라 믿지 않는 자를 위한 표
징이나 예언은 믿지 않는 자들이 아니라 믿는 자들을 위
한 표징입니다.
가령 온 교회가 한자리에 모여 모두 신령한 언어로 말하
는데 초심자들이나 믿지 않는 이들이 들어 와서
그 모습을 본다면
그들은 그대들을 보고 미쳤다고 하지 않겠습니까?

모두들 예언을 할 때
믿지 않는 사람이나 초심자가 들어온다면
그는 모두에게 질책과 심판을 받고
마음 속 숨은 것이 드러나서
그는 얼굴을 바닥에 대고 엎드려 하느님께 절하면서
"과연 하느님께서 여러분 가운데에 계십니다."고
선언할 것입니다.

그리스도의 부활

형제들이여,
내가 이미 전한 복음을 그대들에게 상기시키니
그대들은 이 복음을 받아들여 그 안에 굳건히 서 있습니다.

그대들이 내가 전한 이 복음 말씀을 굳게 지킨다면
그대들이 헛되이 믿게 된 것이 아니라면
그대들은 이 복음으로 구원을 받습니다.

나도 전해 받았고
그대들에게 우선 전해 준 복음은 이러하니
그리스도께서는 성경 말씀대로
우리의 죄 때문에 돌아가시고
묻히셨으나 성경 말씀대로 사흘날에 되살아나시어
케파에게, 또 이어서 열두 사도들에게 나타나셨습니다.

그다음에는
한 번에 오백 명이 넘는 형제들에게 나타나셨고
그중에 세상을 떠난 이도 있지만

대부분 아직 살아있습니다.
그다음에는 야고보, 이어서 모든 사도들에게
나타나셨습니다.
맨 마지막으로는 배냇병신 같은 나에게도 나타나셨습니다.

실상 나는 사도들 가운데 가장 보잘것없는 자이며
더구나 하느님의 교회를 박해하였으니
사도라고 불릴 자격조차 없는 사람입니다.

그러나 오늘의 내가 있게 된 것은
오로지 하느님의 은총이며
하느님께서 나에게 베푸신 그 은총은
결코 헛되지 않았으니
나는 그들 가운데 다른 누구보다도 애를 많이 썼습니다.

그것은 내가 아니라
나와 함께 있는 하느님 은총이 한 것으로
나나 그들이나 우리 모두 이렇게 선포하고 있으며
그대들도 이렇게 믿게 되었습니다.

죽은 이들의 부활 1

우리가 그리스도께서 죽은 이들 가운데에서
되살아나셨다고 선포하는데
그대들 가운데 어떤 사람은
어찌 죽은 이들의 부활이 없다고 말합니까?
죽은 이들의 부활이 없다면
그리스도께서도 되살아나지 않았을 겁니다.

그리스도께서 되살아나지 않았다면
우리 복음도 그대들 믿음도 헛되니
우리는 또 하느님의 거짓 증인으로 드러날 것입니다.
죽은 이들이 정말 되살아나지 않는다면
하느님께서 그리스도를 되살리지 않으셨을 터인데도
우리가 그렇다고 하느님을 거슬러 거짓 증언을 한
셈이기 때문입니다.

죽은 이들의 되살아나지 않는다면
그리스도께서도 되살아나지 않았으며
그리스도께서 되살아나지 않았다면

그대들의 믿음은 덧없고 그대들 자신은 아직도
그대들이 지은 죄 안에 있을 것입니다.

그리스도 안에서 잠든 이들도 멸망하였을 것이니
우리가 현세만을 위하여 그리스도께 희망을 걸고 있다면
우리는 모든 사람들 가운데 가장 가련한 인생들일
것입니다.

이제 그리스도께서 죽은 이들 가운데에서 되살아나셨으니
죽은 이들의 만물이 되셨습니다.
죽음이 한 사람을 통해 왔으니
부활도 한 사람을 통하여 온 것입니다.

아담 안에서 모든 사람이 죽는 것과 같이
그리스도 안에서 모든 사람이 살아날 것이지만
각각 차례가 있어, 만물은 그리스도이십니다.

그다음에는 그리스도께서 재림하실 때
그분께 속한 사람들이며 그러고는 종말이니
그때 그리스도께서 모든 권세와 권력과 권능을 파멸시키
고 나서 그 나라를 하느님 아버지께 넘겨 드리실 것입니다.

죽은 이들의 부활 2

하느님께서 모든 원수들을
그리스도의 발아래 잡아 놓으실 때까지
그리스도께서 다스려야 하니
마지막으로 파멸되어야 할 원수는 죽음입니다.

사실 "하느님께서는 모든 것을
그의 발아래 굴복시키셨습니다."
모든 것이 굴복되었다고 할 때
굴복시키신 분은 제외됨이 명백하나
아드님께서도 모든 것이 당신께 굴복할 때에는
당신께 모든 것을 굴복시켜 주신 분께 굴복하실 것입니다.
하여 하느님께서는
모든 것 안에서 모든 것이 되실 것입니다.

죽은 이를 위하여 세례를 받는 사람들은
무엇을 하는 것입니까?
죽은 이들이 전혀 되살아나지 않는다면
무엇 때문에 그들을 위하여 세례를 받습니까?

우리는 또 무엇 때문에 늘 위험을 무릅쓰고 있습니까?
형제인 그대들이여,
내가 우리 주 예수님 안에서 품고 있는 긍지,
곧 그대들에 대한 나의 긍지를 걸고 말하니
나는 날마다 죽음을 마주하고 있습니다.

내가 에페소에서 맹수와 싸웠다고 한들
내게 무슨 소용이 있습니까?
죽은 이들이 되살아나지 않는다면야
우리는 "먹고 마십시다. 내일이면 죽을 터이니 말입니다."
착각하지 마십시오.
나쁜 교제는 훌륭한 습관을 망칩니다.
그대들은 정신을 똑바로 차리고 죄를 짓지 마십시오.
하느님을 알지 못하는 이들이 더러 있기에
그대들을 부끄럽게 하려고 이 말을 하는 것입니다.

부활 때 완성되는 인간의 구원 1

"죽은 이들이 어떻게 되살아나는가?
어떤 몸으로 올 것인가?"
묻는 이가 있을 수 있으나, 어리석은 사람이여!
그대가 뿌리는 씨도 죽지 않고서는 살아나지 않으니
그대가 뿌리는 것은 장차 생겨날 몸체가 아니라
밀이든 다른 종류이든 곡식의 씨앗일 뿐입니다.

하느님께서 당신이 원하시는 대로 그 씨앗에 몸체를 주시니
씨앗 하나하나에 고유한 몸체를 주시는 것입니다.
육체라고 하여 다 같은 육체가 아니니
사람, 집짐승, 날짐승, 물고기의 육체가 각기 다 다릅니다.

하늘에 속한 몸들도 있고, 땅에 속한 몸들도 있으니
하늘에 속한 것들과 땅에 속한 것들의 광채가
각기 다릅니다.
해의 광채가 다르고 달의 광채가 다르며
별들의 광채가 다르니
별들은 또 그 광채로 서로 구별됩니다.

죽은 이들의 부활도 이와 같으니
썩어 없어질 것으로 묻히지만 썩지 않을 것으로 되살아나며
물질적인 몸으로 묻히지만 영적인 몸으로 되살아나니
물질적인 몸이 있으면 영적인 몸도 있습니다.

성경에도 이렇게 기록되어 있으니
"첫 인간 아담이 자연적인 생명체가 되었다."
마지막 아담은 생명을 주는 영이 되셨으니
먼저 있었던 것은 영적인 것이 아니라 물질적인 것이었으며
영적인 것은 그 다음입니다.

첫 인간은 땅에서 나와 흙으로 된 사람이며
둘째 인간은 하늘에서 왔으니
흙으로 된 사람이 그러하면
흙으로 된 다른 이도 마찬가지이며

하늘에 속한 그분이 그러하면
하늘에 속한 다른 이도 같습니다.
우리가 흙으로 된 그 사람의 모습을 지녔듯이
하늘에 속한 그분의 모습도 지니게 될 것입니다.

인간의 구원 2

형제인 그대들이여, 내가 말하려는 것은 이러하니
살과 피는 하느님의 나라를 상속받지 못하며
썩는 것은 썩지 않는 것을 물려받지 못합니다.

내가 그대들에게 신비 하나를 말해 주겠으니
우리 모두 죽지 않고 다 변화될 것이며
눈 깜박할 사이에, 마지막 나팔 소리에 그리될 것입니다.

나팔이 울리면 죽은 이들이 불멸의 몸으로 되살아나고
우리는 변화될 것이니
이 썩는 몸이 썩지 않는 것을 입고
이 죽을 몸이 죽지 않는 것을 입으며
그때 성경에 기록된 말씀이 이루어질 것입니다.

"승리가 죽음을 삼켜버렸구나!
죽음아, 너의 승리가 어디 있느냐?
죽음아, 너의 독침이 어디 있느냐?"

죽음의 독침은 죄이며 죄의 힘은 율법이니
주 예수님을 통하여 승리를 주시는 하느님께 감사드리며
굳게 서서 흔들리지 말고 주님의 일을 더 많이 하십시오.
그대들의 노고가 헛되지 않음을 그대들은 알고 있습니다.

예루살렘을 위한 모금

성도들을 위한 모금에 관해서 말하면
내가 갈라티아의 여러 교회에 지시한 그대로 그대들도 하여
주간 첫날마다 그대들 각자 형편대로 얼마씩을
모아두십시오.
내가 갔을 때야 비로소
모금하는 일이 없게 하려는 것입니다.

내가 그곳에 도착하면
그대들이 선정하는 이들을 보내면서 편지와 함께
그대들의 고마운 선물을 예루살렘으로 가져가게 하겠으며
나도 가는 것이 마땅하다면, 함께 가도록 하겠습니다.

바오로의 방문 계획

나는 마케도니아는 그냥 거쳐 지나 그대들에게 가겠으며
그대들과 함께 한동안 지내든가 아예 겨울을 나든가
하겠고
그러면 그대들의 도움으로 어디로든 떠날 수 있을 것입니다.

이번에 나는 그저 지나는 길에
그대들을 보려는 것이 아니라
주님께서 허락하시면
얼마동안 그대들과 함께 지내고 싶으나
오순절까지는 에페소에서 지내겠습니다.
적대자들이 많기는 하지만
나에게는 많은 일을 할 수 있는
큰 문이 활짝 열려 있습니다.

티모테오가 가면
두려움 없이 함께 지내도록 보살펴 주십시오.
그도 나처럼 주님의 일을 하고 있으니

아무도 그를 업신여겨서는 안 되며
나는 형제들과 함께 그를 기다리고 있으니
그가 그대들 도움으로 평안히
내게 돌아올 수 있게 해주십시오.

아폴로 형제에 관해 말하면
형제들과 함께 그대들에게 가라고
내가 간곡히 권고하였지만
아직은 갈 마음이 전혀 없으나
적절한 기회가 되면 갈 것입니다.

마지막 권고와 인사

그대들은 깨어 있으면서 믿음 안에 굳게 서 있으십시오.
용기를 내고 힘을 내십시오.
그대들이 하는 모든 일이 사랑으로 이루어지게 하십시오.

형제인 그대들에게 권고하니
스테파나스 집안사람들은 아카이아의 첫 열매로서
성도들을 위한 직무에 헌신하였으니
그대들도 그들과 또 함께 일하는 모든 이에게
순종하십시오.

나는 스테파나스와 포르투나투스와 아카이코스가 와서
기쁘고
이 사람들이 그대들에 대한 나의 아쉬움을 채워주었으며
나와 그대들에게 생기를 불어넣어 주었으니
그대들은 이러한 이들을 인정해 주어야 합니다.

아시아의 교회들이 그대들에게 인사하니

아퀼라와 프리스카가 자기들 집에서 모이는 교회와 함께
특별히 인사하며 모든 형제가 그대들에게 인사하니
그대들도 거룩한 입맞춤으로 서로 인사하십시오.

이 인사말은 나 바오로가 직접 쓰니
누구든지 주님을 사랑하지 않는 자는 저주받으라!
마라나 타! 주님, 오소서!
주 예수님의 은총이 그대들과 함께 하기를 빕니다.
나는 그리스도 예수님 안에서 그대들 모두를 사랑합니다.

코린토 신자들에게
보낸 둘째 서간

위로의 하느님

주 예수 그리스도의 아버지 하느님, 찬미 받으소서!
그분은 인자하신 아버지이시며 위로의 하느님이시나니
그분은 우리가 환난을 겪을 때마다 위로를 주시나니
우리도 그분의 위로로 다른 사람을 위로할 수 있나이다.

우리가 환난을 받는 까닭은
그대들이 위로와 구원을 받게 하기 위해서이며
우리가 위로를 받는 까닭도
그대들이 위로를 받게 하려는 것이오이다.

그 위로는 그대들이 고난을 견디어낼 때
그 힘이 드러나나니
우리는 그대들에게 거는 희망으로 마음 든든하리이다.
고난과 함께 위로도 함께 받음을 아는 까닭이오이다.

'예' 그리고 '아니요'

그대들이 또 한 번 은총을 누리게 하고 싶었기 때문에
나는 먼저 그대들에게 가기로 계획하였습니다.
그대들에게 들러서 마케도니아로 가고
다시 마케도니아에서 그대들에게 갔다가
그대들의 도움을 받아 유다로 떠나려고 했던 것입니다.

내가 그런 계획을 하면서 변덕을 부렸다는 말입니까?
내가 계획하는 것이 인간적 속된 동기로 하는 것이어서
"예, 예!" 하면서 "아니요, 아니요!" 한다는 말입니까?
하느님의 성실함을 걸고 말하노니
우리는 "예!" 하면서 "아니요!" 하는 것이 아닙니다.

나와 실바누스와 티모테오가 그대들에게 선포한 예수님은
"예!"도 되시면서 "아니요!"도 되시는 분이 아니십니다.
그분께서는 늘 "예!"만 있을 따름입니다.
하느님의 그 많은 약속이 그분에게서 "예!"가 됩니다.

하느님의 영광을 위하여
우리도 그분을 통해 "아멘!" 하니
우리를 그대들과 함께 그분 안에서 굳세게 하시고
우리에게 기름을 부어주신 분은 하느님이십니다.
그분이 인장을 찍으시고 성령을 보증으로 주셨습니다.

잘못한 자에 대한 용서

어떤 사람이 내 마음을 아프게 한 일이 있는데
그는 나만 아니라 그대들 모두의 마음을 아프게 했지만
그는 그대들 대다수에게서 충분한 벌을 받았으니,
그대들은 이제 그를 용서하고 위로해 주어야 합니다.

그렇지 않으면 그는 슬픔에 빠지게 될 것이니
그대들이 그를 사랑하고 있음을 확인시켜 주기를 바라니
내가 그 편지를 써 보낸 것은 그대들을 시험해 보고
그대들이 모든 일에 순종하는지 알아보기 위해서였습니다.

그대들이 용서한 사람을 나도 용서하오니
그를 용서한 것은 그리스도 앞에서 그대들을
위해서입니다.
그래야 우리는 사탄에게 속아 넘어가지 않을 것이니
우리는 사탄의 의도를 잘 알고 있기 때문입니다.

그리스도의 향기

하느님께 감사를 드리오니
그분께서는 우리를 통해
그리스도를 아는 지식의 향기를
온 세상 곳곳에 퍼지게 하시기 때문이나이다.

우리는 하느님께 피어오르는 그리스도의 향기이어니
멸망할 사람에게는 죽음으로 이끄는 죽음의 향기,
구원받을 사람에게는 생명으로 이끄는 생명의 향기이라네.

그리스도 안에서 벗겨지는 너울

그대들은 우리 봉사직으로 마련된 그리스도의 추천서이니
먹물이 아니라 하느님의 영으로 새겨지고
돌판이 아니라 살로 된 마음이라는 판에 새겨졌다네.

하느님께서 우리에게 새 계약의 일꾼 자격을 주셨으니
문자가 아니라 성령으로 된 자격이니
문자는 사람을 죽이고 성령께서는 사람을 살리신다네.

모세의 얼굴에 나타난 하느님의 영광 때문에
이스라엘 백성들이 그의 얼굴을 쳐다볼 수 없었다면
성령의 직분은 얼마나 더 영광스러울지를 헤아리십시오.

우리는 모세처럼 얼굴에 너울을 드리우지 않으니
그들이 옛 계약을 읽을 때 너울이 그대로 남아 있으나
주님께 돌아서기만 하면 너울은 치워지니
오로지 그리스도 안에서만 너울이 사라지기 때문이라네.

주님은 영이시니
주님의 영이 계신 곳에는 자유가 있으니
우리는 너울을 벗은 얼굴로 주님의 영광을 바라보며
서서히 그분과 같은 영광스로운 모습으로 바뀌어 간다네.

(2 코린 4, 6-15)

질그릇에 담긴 보물

"어둠 속에서 빛이 비추어라."고 하신 하느님께서
우리 마음을 비추시어
그리스도의 얼굴에 나타난 하느님의 영광을 알아보는
빛의 보물을 주셨다네.

우리는 그분이 빚으신 질그릇이니
우리는 이 보물을 질그릇 속에 지니고 있으니
그 큰 힘은 우리의 것이 아니라 하느님의 것이라네.

온갖 환난을 겪어도 억눌리거나 찌부러지지 않고
난관에 부딪혀도 절망하지 않으며
박해를 받아도 버림받지 않고

맞아 쓰러져도 멸망하지 않으며
우리는 예수님의 죽음을 몸에 짊어지고 다니니
질그릇에서 예수님의 생명이 드러나게 하려는 까닭이라네.
하여 우리에게는 죽음이 약동하더라도
그대들에게는 생명이 약동하리라.

(2 코린 4, 16-18)

우리의 내적 인간

우리는 낙심하지 않으리니
우리 외적 인간은 쇠퇴하더라도
내적 인간은 나날이 새로워지는 까닭이어라.

지금 겪고 있는 잠시 지나가는 환난이
그지없이 크고 영원한 영광을 우리에게 마련하시리니
우리는 보이는 것이 아니라
보이지 않는 영원을 바라보기 때문이어라.
보이는 것은 잠시이나 보이지 않는 것은 영원이어라.

천막집과 영원한 집

우리의 이 지상 천막집이 허물어지기를 바라는 까닭은
하느님께서 마련하신 건물, 사람 손으로 짓지 않은
영원한 집을 얻게 됨을 우리가 아는 때문입니다.
우리는 이 천막집에서 탄식하며 갈망합니다.
천막집을 허물처럼 벗고 하늘 거처를 옷처럼 덧입기를.

천막집을 벗더라도 알몸이 되지 않으리니
우리가 이 천막집에서 탄식하는 까닭은
이 천막을 벗어버리기를 바라기보다 그 위에
당신의 생명을 덧입기를 바라기 때문입니다.

비록 이 몸 안에 사는 동안
주님에게서 떠나 살고 있음을 알지만
우리는 확신에 차 있으니
보이는 것이 아니라 믿음으로 살기 때문입니다.

우리는 이 몸을 떠나 주님 곁에 사는 것이 나으니

함께 살든지 떠나 살든지
다만 주님 마음에 들고자 애를 쓰니
모두 그리스도의 심판대 앞에 서야 하기 때문입니다.

화해의 직분

그리스도의 사랑이 우리를 다그칩니다.
한 분께서 모든 이를 위해 돌아가셨으니
우리가 이제 우리 자신을 위해 살지 않고
되살아나신 그분을 위해 살게 하시려는 것입니다.

누구든지 그리스도 안에 있으면 새로운 피조물이니
보십시오, 옛것은 지나갔나니, 새것이 되었습니다!
이 모든 것은 그리스도를 통하여
우리를 당신과 화해하게 하시고
우리에게 화해의 직분을 맡기신 하느님에게서 오니

그분께서는 그리스도 안에서 세상을 화해하게 하시며
사람들에게 잘못을 묻지 않으시고
화해의 말씀을 맡기셨으니
우리는 다만 그리스도의 사절입니다.

하느님께서는 죄를 모르시는 그리스도를

우리를 위해 죄로 만드시어
우리를 그리스도 안에서 당신 의로움이 되게 하셨으니
그대들이여, 하느님과 화해하십시오.

은혜로운 때, 구원의 날

"은혜로운 때에 내가 너의 말을 듣고
구원의 날에 내가 너를 도와주었다."
지금이 바로 은혜로운 때, 구원의 날입니다.
하느님과 함께 일하는 사람으로 권고하니
하느님의 은총을 헛되이 받는 일이 없게 하십시오.

우리는 자신을 하느님의 일꾼으로 내세우니
환난과 재난과 역경을 겪으면서도
매질과 옥살이와 폭동을 겪으면서도 그렇습니다.

수고와 밤샘과 단식으로
순수와 지식과 인내와 호의와 성령과
거짓 없는 사랑으로
진리의 말씀과 하느님의 힘으로 그렇습니다.

오른손과 왼손에 의로움의 무기를 들고
영광을 받거나 모욕을 당하거나

중상을 받거나 칭찬을 받거나 그렇게 합니다.

인정을 받지 못하는 자같이 보이지만 실은 인정을 받으며
죽어가는 자같이 보이지만 이렇게 살아있으며
벌 받는 자같이 보이지만 죽임을 당하지 않으며

슬퍼하는 자같이 보이지만 실은 늘 기뻐하며
가난한 자같이 보이지만 실은 사람들을 부유하게 하며
아무것도 가지지 않은 자같이 보이지만
실은 모든 것을 지니고 있기 때문입니다.

우리 마음이 활짝 열려 있으니,
그대들도 보답의 뜻으로 마음을 활짝 여십시오.

하느님의 성전

그대들이여, 불신자들과 상종하지 마십시오.
의로움과 불법이 어찌 짝을 이룰 수 있으며
빛이 어떻게 어둠과 사귈 수 있으며
그리스도께서 어떻게 벨리아르과 화합하실 수 있으며
신자와 불신자가 어떻게 한몫을 나눌 수 있으며
하느님의 성전과 우상이 어찌 뜻을 같이 할 수 있으리오?

우리는 하느님의 살아 계신 성전이니
이는 하느님께서 이르신 그대로입니다.
나는 그들과 함께 살며 그들 가운데 거닐리라.
나는 그들의 하느님이 되고 그들은 나의 백성이 되리라.
그러므로 너희는 저들 가운데서 나와 저들과 갈라져라.

"주님께서 말씀하신다.
더러운 것에 손대지 마라.
그러면 내가 너희를 맞아들이리라.
나는 또 너희에게 아버지가 되고
너희는 나에게 아들딸이 되리라."

회개에 대한 바오로의 기쁨

그대들이여, 마음을 열어 우리를 받아주십시오.
우리는 아무에게도 불의를 저지르지 않았으며
아무도 망쳐놓거나 기만하지 않았으니
그대들을 단죄하려고 하는 말이 아닙니다.

그대들은 늘 우리 마음 안에 자리잡고 있으니
죽어도 같이 죽고 살아도 같이 살 것입니다.
그대들에 대한 나의 신뢰와 자랑이 크니
나는 모든 환난에도 기쁨으로 넘쳐 있습니다.

위로하시는 하느님께서 티토를 통해 우리를 위로하셨고
그대들을 통해서도 위로해 주셨으니
그대들의 그리움, 한탄, 나에 대한 열정을 알게 되었으며
나는 어떤 모든 환난 중에도 큰 기쁨으로 넘쳐 있습니다.

내 편지가 그대들을 슬프게 하였더라도 후회하지 않으며
그대들이 그 슬픔을 통해 회개하였음을 아는 까닭입니다.
하느님의 뜻에 맞는 슬픔은 회개를 자아내니

오히려 구원에 이르게 하니 후회할 일이 없습니다.

현세적 슬픔은 죽음을 가져올 뿐이오나
하느님의 뜻에 맞는 슬픔은 열성을 불러일으키니
그대들의 그 솔직한 해명, 그 의분, 그 두려움,
그 그리움, 그 열정, 그 징계도 불러일으켰니
우리는 그대들로 인해 큰 위로를 받고 기뻐하였습니다.

(2 코린 9, 5-15)

축복의 선물

그대들이 구제 활동을 축복의 선물로 준비하게 하려 하니
적게 뿌리는 이는 적게 거두어들이고
많이 뿌리는 이는 많이 거두어들임을 헤아리십시오.

저마다 마음에 정한대로 해야지,
마지못해 하거나 억지로 해서는 안 되니
하느님께서는 기쁘게 주는 이를 사랑하심을 헤아리십시오.

하느님께서는 그대들에게 은총을 넘치게 주실 수 있는 분,
그대들은 언제나 모든 면에서 모든 것을 넉넉히 가져
온갖 선행을 넘치도록 할 수 있게 되리니

이는 성경에 기록된 그대로임을 명심하십시오.
"그가 가난한 이들에게 아낌없이 내주니
그의 의로움이 영원히 존속하리라."

하느님께서는 씨 뿌리는 사람에게
씨앗과 먹을 것을 마련해 주십니다.

그분께서는 그대들에게 씨앗을 마련해 주시고

그것을 갑절로 늘려 주시고
실천하는 의로움의 열매도 늘려 주실 것이니
기뻐하고 즐거워하며 하느님께 찬미를 드리십시오.

그리스도의 사람으로서 권고

그리스도의 온유와 관용에 힘입어
그대들에게 권고하니
비록 속된 세상에서 살아갈지언정
속된 방식으로 싸우지 마십시오.

우리 전투 무기는 속된 것이 아니니
하느님 덕분에 어떤 요새도 무너뜨릴 만큼 강해서
잘못된 이론을 무너뜨리고
하느님을 아는 지식을 가로막는 오만을 무너뜨리며
모든 생각을 포로로 잡아 그리스도께 순종시킵니다.

그대들은 눈앞에 있는 것을 보십시오.
그대들이 그리스도의 사람이듯 우리도 그러함을 알고
우리의 말과 행동이 같다는 사실을 깊이 명심하십시오.

우리는 한도를 넘어 자랑하지 않을 것이며
하느님께서 우리에게 정해 주신 적정 한도에서만 합니다.
그리스도의 복음으로 처음 우리가 그대들을 찾아갔으니

우리는 한도를 넘어 남의 수고를 가지고 자랑하지 않으며
그대들의 믿음이 자람에 따라
활동 영역이 커지기를 바라며
그대들의 지역을 넘어
복음을 전할 수 있기를 바랄 뿐입니다.

"자랑하려는 자는 주님 안에서 자랑해야 합니다."
인정받는 사람은 스스로 내세우는 자가 아니라
주님께서 내세워 주시는 사람임을 명심하십시오.

거짓 사도들

그대들은 나의 어리석음을 부디 참아주십시오.
하느님의 열정으로 그대들을 위해 열정을 다하여
그대들을 순결한 처녀로 한 남자,
곧 그리스도에게 바치려고
나는 그대들을 그분과 약혼시켰습니다.

하오나 마치 하와가 뱀의 간계에 속아 넘어간 것처럼
그대들이 미혹되어
그리스도를 향한 순수한 마음을 저버리지 않을까
두렵습니다.

어떤 사람이 와서 참 예수님이 아닌
다른 예수님을 선포하여도
어떤 사람이 진실한 영이 아닌 다른 영을 받게 하여도
어떤 사람이 참된 복음이 아닌
다른 복음을 받아들이게 하여도
그대들이 아무렇지도 않은 듯 잘도 참아주니,
그대들의 미혹을 어찌 두려워하지 않을 수 있으리오?

그대들을 높이려고 나 자신을 낮추면서
하느님의 복음을 댓가없이 그대들에게 전해 준 것이
내가 큰 죄를 저지른 것입니까?
그대들을 섬기려고 여러 다른 교회에서 보수를 받았으니
그들에게서 돈을 약탈한 셈이 되었습니다.

그대들과 함께 있을 때 필요한 것이 있었지만
그대들 가운데 누구에게도 폐를 끼치지 않았으니
그대들의 짐이 되지 않으려 자제하였고,
앞으로도 그러할 것이니
그리스도의 진리를 걸고 말합니다.
내가 그대들을 사랑하지 않아서가 아님을
하느님께서 아십니다.

우리와 같은 방식으로 일한다고
자랑할 기회를 노리는 자들의
그 기회를 없애기 위한 까닭입니다.
그들은 그리스도의 사도로 위장한 거짓 사도이며
사람을 속이려고 일하는 자들임을 명심하십시오.

그대들은 놀라지 마십시오.

사탄도 빛의 천사로 위장하여
사탄의 일꾼들이 의로움의 일꾼처럼 위장하는 것이
당연하니
그들의 종말은 그들의 행실대로 이루어질 것입니다.

바오로의 자랑

그대들은 슬기로운 사람이어서
어리석은 자들을 잘도 참아주니
누가 그대들을 종으로 부려도
누가 등쳐먹어도
누가 휘어잡아도
누가 거드름을 피워도
누가 얼굴을 때려도 그대들은 참아줍니다.

그들이 히브리 사람이라면, 나도 그렇습니다.
그들이 이스라엘 사람이라면, 나도 그렇습니다.
그들이 아브라함의 후손이라면, 나도 그렇습니다.
그들이 그리스도의 일꾼이라면, 나는 더욱 그렇습니다.

나는 그들보다 수고도 더 많이 하였고
옥살이도 더 많이 하였으며
매질도 더 지독하게 당하였고 죽을 고비도
자주 넘겼습니다.
유다인의 마흔에서 하나 뺀 매를 다섯 차례나 맞았습니다.

밤낮 하루 꼬박 깊은 바다에 떠다니기도 하였습니다.

자주 여행하는 동안에
늘 강물의 위험, 강도의 위험,
동족에게서 오는 위험, 이민족에게서 오는 위험,
고을에서 겪는 위험, 바다에서 겪는 위험,
거짓 형제들에게서 겪는 위험이 뒤따랐습니다.

수고와 고생, 잦은 밤샘, 굶주림과 목마름, 잦은 결식,
추위와 헐벗음에 시달렸습니다.
그 밖의 것들을 제쳐 놓고라도
모든 교회에 대한 염려가 날마다 나를 짓누릅니다.
누가 약해지면 나도 약해지지 않겠습니까?
누가 다른 사람 때문에 죄를 지으면
나도 분개하지 않겠습니까?

내가 자랑해야 한다면
나의 약함을 드러내는 것을 자랑하렵니다.
하느님이시며 주 예수님의 아버지이신 분,
영원히 찬미 받으실 분께서 나의 진실을 아십니다.

바오로의 환시와 계시 그리고 가시

주님께서 보여 주신 환시와 계시를 말하려고 하네.
나는 그리스도를 믿는 어떤 사람을 알고 있다네.
그는 14년 전, 셋째 하늘까지 들어 올려졌다네.
그가 몸 째 그리되었는지 몸을 떠나 그리되었는지
나는 모르지만, 하느님께서는 알고 계시다네.

그는 낙원에서 발설할 수 없는 비밀의 말씀을 들었네.
어떤 인간도 누설해서는 안 되는 그런 말씀이었다네.
이런 사람에 대해서는 자랑할 수 있겠지만
나 자신에 대해서는 약점 밖에 자랑할 것이 없다네.
내게 보고 듣는 것으로만, 남이 나를 생각하기를 원하네.

하느님께서는 환시와 계시에 대해 자만하지 않도록
내 몸에 사탄의 하수인인 가시를 주셨다네.
그 가시가 나를 찔러 내가 자만에 빠지지 않게 하시네.
주님께 세 번이나 그 가시를 없애달라고 청하였지만
주님께서 내게 말씀하셨다네.
"너는 내 은총을 넉넉히 받았다.

나의 힘은 약한 데에서 완전히 드러난다."

하여 나는 그리스도의 힘이 내게 머무를 수 있도록
더없이 기쁘게 나의 약점을 자랑하려네.
나는 그리스도를 위해서라면
약함도, 모욕도, 재난도, 박해도, 역경도 달게 받네.
내가 약할 때, 오히려 강함이 드러나기 때문이라네.

코린토 교회에 대한 질책과 염려

내가 그대들에게 바라는 것은
그대들의 재물이 아니라 그대들 자신입니다.
자녀가 부모를 위해 재산을 모아두지 않고
부모가 자식을 위해 그렇게 합니다.
그대들을 위해 나는 모든 것을 내어놓습니다.

그대들을 더 많이 사랑할수록
내가 그만큼 덜 사랑받는 이유는 도대체 무엇입니까?
나는 그대들에게 짐이 되지 않았습니다.

내가 교활하여 그대들을 속임수로 사로잡았다고 하니
내가 누구를 시켜 그대들을 기만하기라도 하였습니까?
티토가 그대들을 기만한 일이라도 있습니까?
티토와 나는 같은 길을 걸으며 같은 정신으로 삽니다.

사랑하는 그대들이여,
하느님 앞에서, 그리고 그리스도 안에서 말하니
이 모든 것은 그대들이 성장하도록 하기 위한 것입니다.

나는 그대들에게 가려고 하면서
두려움을 지니고 있습니다.
그대들이 내 기대에 어긋나지 않을까,
내가 여러분의 기대에 어긋나지 않을까,

그대들 가운데 분쟁과 시기, 격분과 이기심,
중상과 험담, 거만과 무질서가 있지 않을까,
하느님께서 그대들 앞에서 내게 창피를 주실지 않을까,
그대들이 불륜과 방탕을 회개하지 않은 모습을 보고
내가 슬피 울게 되지 않을까 하는 염려와 두려움입니다.

경고와 격려

"모든 일은 둘이나 세 증인의 말로 확정지어야 합니다."
그리스도께서 나를 통해 말씀하신다는
증거를 찾고 있다니
그대들에게 경고하니,
내가 다시 가면 그냥 너그럽게 넘겨 버리지 않겠습니다.

그리스도는 그대들을 대할 때에 약하신 분이 아니라
그대들 가운데서 힘을 떨치시는 분이십니다.
그분께서는 약한 모습으로 십자가에 못 박히셨지만
이제는 하느님의 힘으로 살아계시는 분이십니다.

우리도 그리스도 안에서 약하지만
그대들을 대할 때는 하느님의 힘으로
그리스도와 함께 살아 있어 강합니다.

그대들이 믿음 안에 살고 있는지 스스로 살펴십시오.
그리스도께서 그대들 안에 계시는 것을 깨닫지 못합니까?
진실로 그것을 깨닫지 못한다면 그대들은 실격자들입니다.

우리는 실격자가 아님을 그대들이 알게 되기를 바라면서
그대들이 어떤 악도 저지르지 않도록 하느님께 기도하니
그대들만은 선을 행하게 하려는 것입니다.
진리를 거슬러서는 아무 것도 할 수 없으니
그대들이 진리 안에서 자신들을 바로잡기를 기도합니다.

그대들이여, 기뻐하십시오.
자신을 바로 잡고 서로 격려하십시오.
서로 뜻을 같이 하고 평화롭게 사십시오.
그러면 하느님께서 그대들과 함께 계실 것입니다.
거룩한 입맞춤으로 서로 인사하십시오.

모든 성도가 그대들에게 안부를 전하니
주 예수 그리스도의 은총과 하느님의 사랑과
성령의 친교가 그대들 모두와 함께 하기를 빕니다.

3장

갈라티아 자들에게
보낸 서간

인사

사람들에게서나 어떤 사람을 통해서 파견된 것이 아니라
예수 그리스도와 그분을 죽은 이들 가운데에서 일으키신
하느님 아버지를 통해서 파견된 사도인 나 바오로와
함께 있는 모든 형제가
갈라티아의 여러 교회에 인사합니다.

하느님 우리 아버지와 주 예수 그리스도로부터
은총과 평화가 그대들에게 내리기를 비니
그리스도께서는 하느님 우리 아버지의 뜻에 따라

우리를 지금의 악한 세상에서 구해 내시려고
우리 죄 때문에 당신 자신을 내어 주셨으니
하느님께 영원무궁토록 형광이 있기를 빕니다. 아멘.

복음은 하나

그대들을 그리스도의 은총으로 부르신 분을 떠나
그대들이 그렇게 빨리 다른 복음으로 돌아서다니
나는 놀라움을 금할 길이 없습니다.

그 다른 복음이란 또 하나의 복음일 수는 없으니
다만 몇몇이 그대들을 혼란스럽게 하고
그리스도의 복음을 왜곡하려 할 뿐입니다.

우리는 물론이고 하늘에서 온 천사라고 할지라도
우리가 그대들에게 전한 것과 다른 복음을 전한다면
저주를 받아 마땅합니다.

전에도 말한 바 있지만 이제 다시 한 번 말하니
누가 그대들이 받은 것과 다른 복음을 전한다면
그는 저주를 받아 마땅합니다.

내가 과연 사람들 마음에 들려고 하겠습니까?

아니면 하느님의 마음에 들려고 하겠습니까?
내가 사람들의 환심을 사려 한다는 말입니까?
내가 아직도 사람들의 환심을 사려 한다면
나는 그리스도의 종이 아닐 것입니다.

바오로가 사도로 부르심을 받은 경위

형제 여러분,
그대들에게 분명히 밝혀 두니
내가 전한 복음은 사람으로부터 비롯된 것이 아닙니다.

그 복음은 내가 어떤 사람에게서 받는 것도 아니고
배운 것도 아니니
오직 예수 그리스도의 계시를 통하여 받은 것입니다.

전에 내가 유대교에 있을 적의 내 소행에 관해
그대들은 이미 들었으니
나는 하느님의 교회를 몹시 박해하며 아예 없애려고
유대교를 신봉하는 일에 내 동족 중에서 더 앞서 있었고
내 조상들의 전통을 지키는 일에도 훨씬 열심이었습니다.

나를 내 어머니의 태중에서부터 가려내시어
당신 은총으로 부르신 분께서 기꺼이 마음을 정하시어
내가 당신 아드님을 다른 민족들에게 전하도록
그분을 내 안에 계시해 주셨으니

그때 나는 어떤 사람과도 상의하지 않았으며
먼저 사도가 된 이들을 찾아 예루살렘에 가지도 않았고
곧장 아라비아로 갔다가 다시 다마스쿠스로
돌아갔습니다.

그다음 삼년 후 나는 케파를 만나려고 예루살렘에 올라가
그와 함께 보름 동안 지냈지만
다른 사도는 아무도 만나 보지 않았고
다만 주님의 형제 야고보만 보았을 뿐입니다.

그대들에게 쓰는 이 글은 하느님 앞에 거짓이 아니니
그 뒤에 나는 시리아와 킬리키아 지방으로 갔기 때문에
유다에 있는 그리스도의 교회들과는 안면이 없었습니다.

다만 그들은 "한때 우리를 박해하던 그 자가 이제는
자신이 없애버리려던 믿음을 전한다."는 소문을 들어서
그들은 나 때문에 하느님을 찬양하였습니다.

예루살렘 사도 회의

그 후 십사 년 만에 나는 바르나바와 함께 티토도 데리고
다시 예루살렘에 올라갔으니
나는 계시를 받고 그리로 올라갔습니다.

내가 다른 민족들에게 선포한 복음을 그들에게 해명하였
고 주요 인사들에게는 따로 해명해 주었으니
지금 하는 일이나 전에 한 일이 헛되지 않기 위해서입니다.

나와 함께 있던 티토는 그리스 사람이었는데도
할례를 강요받지 않았습니다.
문제는 몰래 들어온 거짓 형제들 때문에 생겼으니
그들은 우리가 그리스도 안에서 누리는 자유를 노리며
슬그머니 들어와서 우리를 다시 종으로 만들려는
자들입니다.

그러나 복음의 진리가 그대들과 함께 길이 머물도록 하려
고 우리는 그들에게 잠시도 고분고분 양보하지 않았으니
그쪽의 주요 인사들은 내게 아무것도

부과하지 않았습니다.
그들이 한때 어떤 사람들이었든지
내게 대수로울 것 없으니
하느님께서는 신분을 보고 우대하시지 않기 때문입니다.

오히려 베드로가 할례 받은 이들을 위한
복음을 위임받았듯이
나는 할례 받지 않은 이들을 위한 복음을 위임받은 사실
을 그들은 인정하였습니다.

할례 받은 이들을 위해
베드로에게 사도직을 맡겨주신 분께서
나에게는 다른 민족들을 위한 사도직을 맡겨주셨기 때문에
교회의 기둥으로 존경받는 야고보와 케파와 요한은
하느님께서 나에게 베푸신 은총을 알아보고
나와 바르나바에게 오른손을 내밀어 악수하였습니다.

그리하여 우리는 다른 민족들에게 가고
그들은 할례 받은 이들에게 가기로 하였으며
다만 우리는 이들을 기억하기로 하였고
나는 바로 그 일을 실천하려고 열심히 노력하였습니다.

안티오키아에서의 논쟁

케파가 안티오키아에 왔을 때
나는 그를 정면으로 맞섰으니
그가 잘못을 저지르고 있었기 때문입니다.

야고보가 보낸 사람들이 오기 전에는
다른 민족들과 더불어 음식을 함께 먹더니
그들이 오자 할례 받은 사람들을 두려워 한 나머지
다른 민족들과 거리를 두기 시작한 것입니다.

다른 유다인들도 그와 함께 거짓으로 행동하였고
바르나바까지도 그들과 함께 위선에 빠졌습니다.
나는 그들이 복음의 진리에 따라
올바른 길을 걷지 않는 것을 보고 케파에게 말했습니다.

"당신은 유다인이면서
유다인으로 살지 않고 이민족처럼 살면서
어떻게 이민족들에게는
유다인처럼 살라고 강요할 수 있다는 말입니까?"

(갈라 2, 15-21)

믿음으로 얻는 구원

우리는 태생이 유다인들이며
이민족 출신의 죄인들이 아닙니다.
그러나 사람은 율법에 따른 행위가 아니라
예수 그리스도에 대한 믿음으로 의롭게 됨을 압니다.

우리는 율법에 따른 행위가 아니라
그리스도에 대한 믿음으로 의롭게 되려고
그리스도 예수를 믿게 되었으니
아무도 율법에 따른 행위로 의롭게 되지 않습니다.

그리스도 안에서 의롭게 되려고 애쓰는
우리 자신도 죄인으로 드러난다면
그리스도께서 과연 죄의 종이시라는 말입니까?

결코, 그렇지 않습니다.
내가 만약 허물어 버린 것을 다시 세운다면
나는 자신을 위법자로 실증하는 셈이기 때문입니다.

나는 율법으로 말미암아 율법에 죽은 몸입니다.
그것은 내가 하느님을 위하여 살려는 것이며
나는 그리스도와 함께 십자가에 처형되었으니
이제는 내가 사는 것이 아니라
그리스도께서 내 안에 사시는 것입니다.

내가 지금 육신 안에 사는 것은
나를 사랑하시고 나를 위하여 당신 자신을 바치신
하느님의 아드님에 대한 믿음으로 사는 것입니다.

나는 하느님의 은총을 헛되게 하지 않으니
율법을 통하여 의로움이 이루어진다면
그리스도께서 아무 보람도 없이 돌아가신 것입니다.

율법과 성령

아, 어리석은 갈라티아 사람들이여!
예수 그리스도께서 십자가에 못 박히신 모습으로
그대들 눈앞에 생생히 새겨져 있는데,
누가 그대들의 눈을 흐렸단 말입니까?

이것만은 내가 그대들에게 알아보고 싶으니
그대들은 율법에 따른 행위로 성령을 받았습니까?
아니면, 복음을 듣고 믿어서 성령을 받았습니까?
그대들은 그렇게도 어리석습니까?
성령으로 시작한 그대들이 육으로 마칠 셈입니까?

그대들이 훌륭한 것을 체험했는데 다 허사입니까?
정말 허사란 말입니까?
그대들에게 성령을 주시고 기적을 행하시는 분께서
율법에 따른 그대들의 행위 때문에 그렇게 하십니까?
그대들이 복음을 듣고 믿기 때문에 그렇게 하십니까?

믿음과 율법

이는 아브라함의 경우와 같으니
그가 하느님을 믿었고
그것이 그의 의로움으로 인정되었습니다.

그러므로 믿음으로 사는 이들이
바로 아브라함의 자손임을 알아야 합니다.
성경은 하느님께서 다른 민족들을 믿음으로
의롭게 하신다는 것을 미리 내다보고

"모든 민족들이 네 안에서 축복받으리라."는
기쁜 소식을 아브라함에게 미리 알려 주었으니
믿음으로 사는 이들은
믿음의 사람 아브라함과 함께 축복받습니다.

율법의 행위로 사는 이들은 저주 아래 있으니
"율법서에 기록된 모든 것을 한결같이
실천하지 않는 자는 다 저주 받아야 한다."고
성경에 기록되어 있기 때문입니다.

그러니 아무도 율법으로는 하느님 앞에서
의롭게 되지 못한다는 것이 분명하니
"의로운 이는 믿음으로 살 것이다."라고
성경에 기록되어 있기 때문입니다.

과연 율법은 믿음과 근본이 다르니
그 규정들을 실천하는 이는 그것으로 살 따름이나
그리스도께서는 우리를 위해 저주 받은 자 되시어
우리를 율법의 저주에서 속량해 주셨습니다.

"나무에 매달린 자는 누구나 저주 받은 자"이니
아브라함의 축복이 그리스도 예수님 안에서
다른 민족들에게 이르러
우리가 약속된 성령을 믿음으로 받게 되었습니다.

율법과 약속

형제 여러분,
나는 사람들의 관례를 들어 이야기해 보겠습니다.
한 인간의 유언도 합법적으로 이루어진 것이면
아무도 무효화시키거나 다른 것을 첨가할 수 없습니다.

하느님께서 아브라함과 그 후손에게 약속해 주셨는데
많은 사람을 뜻하는 "후손들에게"가 아니라
한 사람을 뜻하는 "너의 후손에게"라고 하셨으니
그는 곧 그리스도이십니다.

내가 말하려는 것은 이렇습니다.
하느님께서 예전에 합법적으로 이루어진 유언을
사백삼년이 뒤에 생겨난 율법이 무효로 만들 수 없고
따라서 약속을 취소시킬 수 없다는 것입니다.

만일 상속이 율법에 의거하는 것이라면
그것은 이미 약속에 의거하는 것이 아니지만
하느님께서는 약속을 통하여
아브라함에게 은혜를 베푸셨습니다.

율법의 역할

그렇다면 율법은 무엇을 위한 것이겠습니까?
그것은 약속을 받은 그 후손이 오실 때까지
범법 때문에 곁들여진 것으로서
천사들을 통하여 중개자의 손을 거쳐 공포되었습니다.

그러나 이 중개자는 한 쪽만의 중개자가 아닌데
하느님은 한 분이니
그렇다면 율법이 하느님의 약속과 반대된다는 말입니까?
결코 그렇지 않습니다.

만일 생명을 줄 수 있는 율법을 우리가 받았다면
의로움도 율법을 통하여 왔을 것이지만
성경은 모든 것을 다 죄 아래 가두어 놓았으니
예수 그리스도에 대한 믿음을 통하여
믿는 이들이 약속을 받게 하려는 것입니다.

믿음이 오기 전에는 우리는 율법 아래 갇혀 있으면서

장차 믿음이 계시될 때까지 율법의 감시를 받아왔습니다.
율법은 우리가 믿음으로 의롭게 되도록
그리스도께서 오실 때까지 우리의 감시자였지만
믿음이 온 이래 우리는 감시자 아래 있지 않습니다.

그대들은 모두 믿음으로 하느님의 자녀가 되었으니
그리스도와 하나 되는 세례를 받은
그대들은 모두 그리스도를 새옷으로 입었습니다.

하여 이제는 유다인도 없고 그리스인도 없으며
노예도 없고 자유인도 없으며
남자도 여자도 차별이 없으며
그대들은 모두 그리스도 예수님 안에서 하나입니다.

그대들이 그리스도의 사람이라면
그대들이야말로 아브라함의 후손이며
약속에 따른 상속자입니다.

종살이에서 자유로

내가 말하려는 것은 이렇습니다.
상속자란 모든 것의 주인이지만
그가 미성년자로 남아 있는 동안에는
여느 종과 다를 것이 조금도 없습니다.

아버지가 정해 놓은 기한까지는
그의 후견인과 관리인 아래 있기 마련이니
이와 같이 우리도 미성년자였을 때에는
이 세상의 정령들 아래에서 종살이를 하였습니다.

그러나 때가 차자 하느님께서 당신 아드님을 보내어
한 여인에게서 태어나 율법 아래에 놓이게 하셨으니
율법 아래 있는 이들을 속량하시어 우리가
하느님 자녀 되는 자격을 얻게 하려는 것이었습니다.

진정 그대들은 자녀들이니
하느님께서는 아드님의 영을 우리 마음 안에 보내시어

그 영은 "아빠! 아버지!"라고 외치고 계시니
그대는 이미 종이 아니라 자녀이며
자녀라면 하느님께서 세워주신 상속자이기도 합니다.

종살이로 돌아가지 마라

그 전에 여러분이 하느님을 알지 못할 때에는
본디 신이 아닌 것들에게 종살이를 하였지만
지금 그대들은 하느님을 알고 있으니
아니, 하느님께서 먼저 여러분을 알아주셨습니다.

그대들은 어떻게 약하고 초라한 정령들에게 돌아가
그 전과 같이 그들에게 종살이를 하려고 합니까?
그대들은 날과 달과 절기와 해를 지키려 하니
그대들을 위해 내가 애쓴 것이 허사가 될까 두렵습니다.

형제 여러분, 내가 그대들에게 간청하니
내가 그대들과 같이 되었으니
그대들도 나와 같이 되십시오.
그대들은 내가 잘못한 것이 조금도 없습니다.

그대들도 알다시피 나는 육신의 병이 계기가 되어
그들에게 처음으로 복음을 전하게 되었습니다.

그때 내 몸의 상태가 그대들에게 하나의 시련이었지만
그대들은 나를 업신여기지도 역겨워하지도 않았습니다.

오히려 나를 마치 하느님의 천사처럼,
그리스도 예수님처럼 맞아 주었으며
그대들은 기꺼이 눈이라도 빼어 내게 주었을 것인데
행복을 느끼던 그대들의 그 마음은 어디로 갔습니까?

지금 내가 그대들에게 진실을 말한다고 해서
내가 그대들의 원수라도 되었다는 말입니까?
그들은 그대들에게 열성을 보이지만 선의가 아니니
그대들을 따로 떼어 놓아
그대들이 자기들에게만 열성을 기울이게 하려는 것입니다.

선의의 열성을 기울여 주는 것은 좋은 일이니
내가 그대들과 함께 있을 때만 그런 것은 아닙니다.
그리스도의 모습이 그대들 안에 갖추어질 때까지
나는 다시 그대들 때문에 산고를 겪고 있으니
그대들의 일로 어찌해야 좋을지 모르겠습니다.

하가르와 사라: 옛 계약과 새 계약

율법 아래 살고 싶어 하는 여러분,
나에게 대답 좀 해 보십시오.
그대들은 율법을 들을 줄도 모릅니까?

과연 성경에 아브라함에게는 두 아들이 있었는데
하나는 여종에게서 났고,
하나는 자유의 몸인 부인에게서 났다고 기록되어 있으니
여종에게서 난 아들은 육에 따라 태어났고
부인에게서 난 아들은 약속의 결과로 태어났습니다.

여기에는 우의적인 뜻이 있으니
실상 이 두 여인은 두 계약을 가리킵니다.
하나는 시나이 산에서 나온 여자로
종살이할 자식을 낳으니 그가 곧 하가르니
아라비아에 있지만 지금의 예루살렘에 해당하며
예루살렘이 그 자녀들과 함께 종살이를 하고 있습니다.

천상의 예루살렘은 자유로우며 우리 어머니이니
성경에 이렇게 기록되어 있습니다.
"기뻐하라, 아이를 낳지 못하는 여인아!
환성을 지르며 외쳐라, 산고를 겪어보지 못한 여인아!
외로운 여인의 자녀가 남편 가진 여인의 자녀보다
많으니라."

형제 여러분,
그대들은 이사악과 같은 약속의 자녀이지만
육을 따라 난 자가 영을 따라 난 이를 박해한 것처럼
지금도 그러하니, 성경이 무엇이라고 말합니까?

"여종과 그 아들을 내쫓아라.
여종의 자식이 부인의 아들과 함께 상속을 받을 수 없다."
그러므로 형제 여러분,
우리는 여종의 자녀가 아니라 자유로운 부인의 자녀입니다.

그리스도인의 자유

그리스도께서 우리를 해방시키시어 자유의 몸이 되었으니
마음을 굳게 먹고 다시는 종살이의 멍에를 메지 마십시오.
나 바오로가 그대들에게 말합니다.

만일 그대들이 할례를 받는다면
그리스도는 그대들에게 아무런 이익도 되지 못할 것이니
할례를 받는 모든 사람에게 다시 분명히 말합니다.

그들은 율법 전체를 지킬 의무가 있으니
그대들이 율법으로 의롭게 되고자 한다면
그대들은 그리스도와 인연이 끊어졌고
은총에서 벗어났습니다.

우리는 성령을 통하여 믿음으로 의로워지기를 희망하니
우리가 할례를 받았느냐 받지 않았느냐는 중요하지 않고
오직 사랑으로 행동하는 믿음만이 중요할 따름입니다.

그대들은 잘 달리고 있었는데
누가 그대들을 가로막아
진리를 따르지 못하게 하였습니까?
그대들을 부르신 분이
그렇게 하도록 했을 리는 없습니다.

적은 누룩이 온 반죽을 부풀게 하니
나는 그대들 의견도 다르지 않으리라고
주님 안에서 확신하나
그대들을 교란시키는 자는 그가 누구든지
심판받을 것입니다.

형제 여러분,
만일 내가 아직도 할례를 선포한다면
무엇 때문에 여태까지 박해를 당하고 있겠습니까?

그랬더라면 십자가라는 걸림돌도 이미 치워졌을 것이나
할례를 주장하여 그대들을 선동하는 자들은
그 지체를 아예 잘라 버리는 것이 어떻겠습니까?

육과 성령

형제 여러분,
그대들은 자유를 누리기 위하여 부르심을 받았으니
다만 그 자유를 육을 위하는 구실로 삼지 말고
오히려 그대들은 서로 사랑으로 남을 섬기십시오.

모든 율법은 한 계명으로 요약되니
"네 이웃을 네 몸같이 사랑하여라." 하신 계명입니다.
그대들이 서로 물어뜯고 잡아먹고 한다면
피차 멸망하기 될 것이니 조심하십시오.

내가 거듭 당부하니
그대들은 성령의 인도에 따라 살아가십시오.
그러면 그대들은 육의 욕정을 채우지 않게 될 것입니다.

육이 욕망하는 것은 성령을 거스르고
성령께서 바라시는 것은 육을 거스르니
이들은 서로 반대되어 그대들이 원하는 것을 못 하게 하나 그대들이 성령의 인도를 받으면 율법 아래 있지 않습니다.

육의 행실은 자명하니
불륜, 더러움, 방탕, 우상 숭배, 마술, 적개심, 분쟁,
사기, 격분, 이기심, 분열, 분파, 질투, 술주정,
흥청대며 먹고 마시는 것,
그 밖에 이와 비슷한 것들입니다.

내가 그대들에게 이미 경고한 그대로
다시 경고하니
이런 짓을 저지른 자들은
하느님의 나라를 차지하지 못할 것입니다.

성령께서 맺어 주시는 열매는
사랑, 기쁨, 평화, 인내, 친절, 선행, 진실, 온유, 절제이니
이런 것을 금하는 법은 없습니다.

그리스도 예수님께 속한 자들은
육체를 그 육정과 함께 십자가에 못 박은 사람들이니
우리는 성령으로 사는 사람들이므로 성령을 따라 걸어가며
잘난 체하지 말고 서로 시비하지 말고 시기하지 맙시다.

그리스도의 법

형제 여러분,
그대들은 성령으로 가득 찬 사람들이니
만일 어떤 사람이 잘못을 저지르는 것을 보면
그대들은 온유한 마음으로 그를 바로잡아 주어야 합니다.

그대들도 유혹에 빠지지 않도록 조심하시고
서로 남의 짐을 져 주십시오.
그러면 그리스도의 법을 이루게 될 것입니다.

누가 아무것도 아니면서
마치 자기가 무엇이나 되는 것처럼 여긴다면
그는 자기 자신을 속이는 것이니
그대들 각자는 자신의 행동을 잘 성찰하십시오.

무엇인가 잘한 일이 있다면
혼자 자랑스럽게 생각할 일이지 남에게 자랑하지 말며
각 사람은 저마다 자기 짐을 져야 하기 때문입니다.

하느님의 말씀을 배우는 사람은
그것을 가르치는 사람과 좋은 것을 함께 나누어야 하며
착각하지 맙시다.
하느님은 우롱 당하실 분이 아니십니다.

사람은 자기가 뿌린 것을 거두는 법이니
자기의 육에 씨 뿌리는 사람은 육에서 멸망을 거두고
성령에게 뿌리는 사람은
성령에게서 영원한 생명을 거두니

선을 행하는데 지치지 말며
꾸준히 선을 행하다보면 거둘 때가 올 것이므로
기회가 되는 대로 모든 사람들에게,
특히 믿음의 가족들에게 더욱 그렇게 해야 합니다.

마지막 권고와 축복

보십시오.
내가 직접 내 손으로 이렇게 큰 글자로 써 보내니
겉으로만 좋게 보이려는 자들은
그대들에게 할례를 강요하는데
그리스도의 십자가 때문에 받는 박해를 면하려고
그러는 것으로
할례를 받는 그들 자신도 율법을 지키지 않습니다.

그들은 그대들의 몸에 한 일을 자랑하려고
할례 받기를 원하나
나는 우리 주 예수 그리스도의 십자가 이외에는
아무것도 자랑할 것이 없기를 바라니
내게는 세상이 십자가에 못 박혔고
나도 세상에 못 박혔습니다.

실상 할례를 받았느냐 받지 않았느냐는 중요하지 않으며
새 창조만이 중요할 따름이니
이 법칙을 따르는 모든 이들에게,

하느님의 백성 이스라엘에게
평화와 자비가 내리기를 빕니다.
앞으로는 아무도 나를 괴롭히지 마십시오.
나는 내 몸에 예수님의 낙인을 지니고 있습니다.

형제 여러분,
우리 주 예수 그리스도의 은총이 여러분의 영과
함께하기를 빕니다.
아멘.

4장

에페소 신자들에게
보낸 서간

그리스도를 통하여 베풀어진 은총

우리 주 예수 그리스도의 아버지 하느님, 찬미 받으소서.
그분께서는 그리스도 안에서 온갖 영적 축복을 주셨으니
세상 창조 이전에 그리스도 안에서 우리를 선택하시어
우리가 거룩하고 흠 없는 사람이 되게 하여 주셨으며
사랑으로 우리를 당신 자녀로 삼으시기로 정하셨으며
이는 하느님의 좋으신 뜻에 의해 이루어진 것이오니
아드님 안에서 우리에게 베푸신 은총을 찬양 받으소서.

우리는 그리스도 안에서, 그리스도의 피를 통하여
속량, 곧 죄의 용서를 받았으며
이는 하느님의 은총에 따라 이루어진 것이오니
하느님께서 이 은총을 우리에게 풍성히 베푸셨나이다.

당신의 지혜와 통찰력을 다하시어
그리스도 안에서 우리에게 당신 뜻의 신비를
알려주셨으니
때가 차면 하늘과 땅의 모든 만물을
그리스도 안에서 그분을 머리로 하여 한데 모으소서!

모든 것을 당신의 뜻대로 이루시는 분의 의향에 따라
우리도 그리스도 안에서 한몫을 얻게 되었으니
하느님께서는 이미 그리스도께 희망을 둔 우리가
당신 영광을 찬양하는 사람이 되게 하셨나이다.

그대들도 그리스도 안에서
진리의 말씀, 구원의 복음을 듣고 믿게 되어
약속된 성령의 인장을 받았습니다.
우리가 하느님의 소유로서 속량될 때까지
성령께서 우리의 상속 보증인이 되어 주시니
하느님께서는 세세 무궁토록 찬미와 영광을 받으소서!

교회는 그리스도의 몸

하느님께서는 그리스도 안에서 크신 능력을 펼치시어
그분을 죽은 이들 가운데서 일으키시고
하늘에 올리시어 당신 오른편에 앉히셨나이다.

모든 권세와 권력과 권능과 주권 위에
현세와 내세의 모든 이름 위에 뛰어나게 하셨으며
만물을 그리스도 발아래 굴복시키시고
만물 위에 계신 그분을 교회의 머리로 주셨나이다.

하여 교회는 그리스도의 몸으로서
만물을 충만케 하시는 그리스도로 충만해 있나이다.

하느님의 작품

그대들은 한때 이 세상 풍조에 따라
공중을 지배하는 지배자, 악한 영을 따라 살았으니
전에는 잘못과 죄를 저질러, 기실 죽었던 사람입니다.

우리도 육의 욕망에 이끌려 살면서
육과 감각이 원하는 것을 따랐으니
하느님의 진노를 살 수밖에 없었습니다.

그대들은 은총으로 구원을 받은 것이니
자비로우신 하느님께서는 그 큰 사랑으로
잘못으로 죽었던 우리를 그리스도와 함께 살리셨습니다.

하느님께서는 그리스도 안에서 우리를 일으키시고
그분과 함께 하늘에 앉히셨습니다.
그리스도 안에서 우리에게 호의를 베푸신 까닭은
당신 베푸시는 은총이 얼마나 큰지를
앞으로 다가 올 모든 시대에 보여주시기 위함입니다.

그대들은 믿음을 통하여 은총으로 구원을 받았으니
그대들에게서 나오는 것이 아니라 하느님의 선물입니다.
우리는 하느님의 작품이니
우리는 선행을 하도록 그리스도 안에서 창조되었으며
하느님께서는 우리를 위해 선행을 미리 준비하셨나이다.

그리스도 안에서 하느님의 한 가족

그리스도는 우리의 평화이시니
그분께서는 당신 몸으로
유다인과 이민족을 하나로 만드시고
이 둘을 가르는 장벽인 적개심을 허무셨으니
그 모든 계명과 조문과 함께 율법을 폐지하셨나이다.

당신 안에서 두 인간을 하나의 새 인간으로 창조하셨으니
십자가를 통해 양쪽을 한 몸 안에 하느님과 화해시키시어
그 적개심을 당신 안에서 없애셨으며
그대들과 우리 모두에게 평화를 선포하셨으니
우리 양쪽이 한 성령 안에서
아버지께 나아가게 되었습니다.

하여 그대들은 이제 외국인도 아니고 이방인도 아니며
성도들과 함께 한 시민이며 하느님의 한 가족입니다.
그대들은 사도들과 예언자들의 기초 위해 세워진 건물이며
그리스도 예수께서는 이 건물의 모퉁이돌이 되셨나이다.

그리스도 안에서 전체가 잘 결합된 이 건물이
주님 안에서 거룩한 성전으로 자라니
그대들도 그리스도 안에서 성령을 통하여
하느님의 거처로 함께 지어지고 있음을 기뻐하십시오.

약속의 공동 수혜자

하느님께서 그대들을 위해 나에게 주신 은총의 직무로
나는 예수님 때문에 그대들을 위하여 수인이 되었으며
나는 계시를 통하여 그 신비를 알게 되었으니
그대들도 내가 깨달은 신비에 대해 알게 될 것입니다.

그 신비는 성령으로 사도들과 예언자들에게 계시되니
다른 민족들도 그리스도 예수님 안에서 복음을 통하여
공동 상속자가 되고 한 몸의 지체가 되며
약속의 공동 수혜자가 된다는 기쁜 소식입니다.

하느님께서는 당신 힘을 펼치시어 은총의 선물에 따라
가장 보잘것없는 나를 복음의 일꾼으로 삼으셨으니
그리스도의 놀라운 풍요를 다른 민족들에게 전하고
감추어진 하느님 신비를 밝혀주시기 위해서입니다.

교회를 통해 하느님의 다양한 지혜가 알려지게 되었으니
하느님께서 그분 안에서 이루시는 계획에 따른 것입니다.
하여 우리는 그분 안에서 그분에 대한 믿음으로
확신을 가지고 하느님께 담대히 나아갈 수 있습니다.

교회를 위한 기도

나는 아버지 앞에 무릎을 꿇고 간절히 청합니다.
하늘과 땅에 있는 모든 민족이
아버지에게서 이름을 받았으니
그분이 성령을 통하여
그대들의 내적 인간이 굳세어지게 하시고
그대들의 믿음을 통해
그리스도께서 그대들 마음 안에 사시며
그대들이 사랑에 뿌리내리고
그것을 기초로 삼으시기를 빕니다.

그리하여 그대들이 모든 성도와 함께
너비와 길이와 높이와 깊이가 어떠한지 깨닫는 능력을 지
니고 인간의 지각을 뛰어넘는 그리스도의 사랑을 알게
해주시고
하여 그대들이 하느님의 온갖 충만하심으로
넘치기를 빕니다.

그분은 우리 안에서 활동하시는 힘이시며

우리가 청하거나 생각하는 것보다 풍성히 주시는 분이시니
그분께 교회 안에서 그리고 그리스도 안에서
세세 대대로 영원무궁토록 영광과 찬미가 있기를 빕니다!

그리스도의 몸인 교회의 일치

주님 안에서 수인이 된 내가 그대들에게 권고하니
그대들이 받은 부르심에 합당하게 살아가십시오.
겸손과 온유를 다하고, 인내심과 사랑으로 서로 참아주며
성령께서 평화의 끈으로 주신 일치를
보존하도록 하십시오.

하느님께서 그대들을 부르실 때 하나의 희망을 주셨듯이
그리스도의 몸도 하나이고 성령도 한 분이시니
주님도 한 분이시고 믿음도 하나이며 세례도 하나이고
만물의 아버지이신 하느님도 한 분이시니
그분은 만물 위에, 만물을 통하여, 만물 안에 계십니다.

그리스도께서 나누어 주시는 은혜의 양에 따라
우리는 저마다 은총을 받았으니, 성경이 들려줍니다.
"그분께서는 높은 데로 오르시어
포로들을 사로잡으시고 사람들에게 선물을 주셨다."

우리를 위해 지상으로 내려오셨던 그분이

하늘로 오르시어 만물을 충만케 하시었으니
그분은 어떤 이는 예언자로, 어떤 이는 복음 선포자로
어떤 이들은 목자나 교사로 세워주셨습니다.

다만 성도들이 올바르게 각자의 직무를 수행하고
그리스도의 몸을 성장시키는 일을 하도록 준비시키셨으니
우리가 그리스도에 대한 믿음과 지식에서 일치를 이루고
성숙한 사람으로 그리스도의 충만한 경지에
이르게 됩니다.

우리는 간교한 계략의 가르침에 흔들리는
어린아이가 아니니
사랑으로 진리를 말하고 자라나
그분에게까지 이르러야 하며
그분은 바로 머리이신 그리스도이며
우리는 그분이 주시는 영양을 공급하는 각각의 관절입니다.

우리의 온몸이 잘 결합하고 연결되어 있어야 하니
각 기관이 알맞게 기능을 하여야
온몸이 자라게 되는 까닭이며
그리스도의 몸인 우리는
그분의 사랑으로 성장하기 때문입니다.

새 인간

그대들은 더 이상 헛된 마음을 지니고 살아가는
다른 민족처럼 살아가지 마십시오.

그들 안에 자리 잡은 무지와 완고한 마음 때문에
그들은 어두운 정신으로 하느님의 생명에서 멀어졌습니다.
그들은 자신을 방탕에 내맡겨 온갖 더러운 일을 하지만
그대들은 그리스도를 그렇게 배우지 않았으니

예수님 안에 있는 진리대로, 그분에 관해 듣고 배운 대로
지난날의 생활을 청산하고
정욕 때문에 썩어 없어질 옛 인간을 벗어버리고
새로운 영과 마음으로 진리와 의로움과 거룩함 속에서
하느님의 모습에 따라 창조된 새 인간을 입어야 합니다.

274

새 생활의 규범

그대들은 거짓을 벗고 이웃에게 진실을 말하십시오.
우리는 서로 지체이니
화가 나더라도 죄는 짓지 마십시오.
해가 질 때까지 노여움을 품고 있지 마십시오.
악마에게 틈을 주지 마십시오.

더 이상 도둑질을 하지 말고
자기 손으로 좋은 일을 하여 곤궁한 이를 도와주십시오.
그대들 입에서 나쁜 말이 나오지 않도록 주의하십시오.
좋은 말로, 그 말을 듣는 이들에게 은총을 가져다주십시오.

하느님의 성령을 슬프게 하지 마십시오.
그대들은 속량의 날을 위하여 성령의 인장을 받았으니
모든 원함과 격분과 폭언과 중상과 악의를 내버리십시오.
서로 너그럽고 자비롭게 대하고
하느님께서 그리스도 안에서 여러분을 용서하신 것처럼
여러분도 서로 용서하십시오.

사랑받는 자녀답게 하느님을 본받는 사람이 되십시오.
그리스도께서 우리를 사랑하시고 우리를 위하여
당신을 하느님께 향기로운 예물과 제물로 바치신 것처럼
그대들도 서로 사랑 안에서 살아가십시오.

그대들은 불륜이나 더러움이나 탐욕은 입에 올리지 말고
추잡한 말과 어리석은 말이나 상스러운 농담도 하지 말고
오로지 서로 감사의 말만 해야 합니다.

불륜을 하거나 더러운 탐욕을 부리는 자, 우상 숭배자는
그리스도와 하느님의 나라에서 나눌 몫이 없음을
아십시오.

빛의 자녀

그대들은 남의 허황된 말에 속아 넘어가지 마십시오.
하느님의 진노가 순종하지 않는 자들에게 내리니
그런 자들과는 상종하지 마십시오.
그대들은 한때 어둠이었지만 지금 주님 안에 빛입니다.

빛의 자녀답게 살아가십시오.
빛의 열매는 모든 선과 의로움과 진실이니
무엇이든지 주님 마음에 드는 것인지 가려내십시오.

어둠의 일에 가담하지 말고 밖으로 드러내십시오.
은밀히 저지르는 일은 말하기조차 부끄러운 것이고
밖으로 드러나는 것은 모두 빛으로 밝혀지니
밝혀진 것은 모두 빛이기에 이런 말씀이 있습니다.

"잠자는 사람아, 깨어나라.
죽은 이들 가운데에서 일어나라.
그리스도께서 너를 비추어 주시리라."

하여 미련한 사람이 아니라 지혜로운 사람으로서
어떻게 살아가야 하는지 잘 살펴보십시오.
시간을 잘 쓰십시오.
지금은 악한 때이니, 어리석은 자가 되지 말고
주님의 뜻이 무엇인지 깨달으십시오.
술에 취하지 마십시오.

거기서 방탕이 나오니, 성령으로 충만해지십시오.
시편과 찬미가와 영가로 서로 화답하고
마음으로 주님께 노래하며 그분을 찬양하십시오.
모든 일에 언제나 예수 그리스도의 이름으로
하느님 아버지께 감사를 드리십시오.

아내와 남편

그리스도를 경외하는 마음으로 서로 순종하십시오.
아내는 주님께 순종하듯이 남편에게 순종해야 하니
남편은 아내의 머리인 까닭입니다.

마치 그리스도께서 교회의 머리이시고 몸의 구원자이기에
교회가 그리스도께 순종하듯이 아내는 순종해야 합니다.
남편인 그대들이여, 아내를 사랑하십시오.
그리스도께서 교회를 위해 자신을 바치신 것처럼
사랑하십시오.

그리스도께서 그렇게 하신 것은
교회를 말씀과 더불어 물로 씻어 깨끗하게 하시어
거룩하게 하시려는 것이었으며
교회를 티나 주름 없이 아름다운 모습으로 서게 하시며
거룩하고 흠 없게 하시려는 것이었습니다.

남편도 이렇게 아내를 제 몸같이 사랑해야 하니
자기 아내를 사랑하는 사람은 자신을 사랑하는 것입니다.

아무도 자기 몸을 미워하지 않습니다.
오히려 자기 몸을 가꾸고 보살핍니다.

우리는 그분 몸의 지체이니
"그러므로 남자는 아버지와 어머니를 떠나
아내와 결합하여, 둘이 한 몸이 됩니다."

이는 큰 신비이니
나는 그리스도와 교회를 두고 이 말을 하는 것입니다.
그대들도 각자 자기 아내를 자기 자신처럼 사랑하고
아내도 남편에게 순종하며 그를 존경해야 합니다.

자녀와 부모

자녀인 그대들이여,
주님 안에서 부모에게 순종하십시오.
그것이 옳은 일이며 마땅히 해야 할 일입니다.
"아버지와 어머니를 공경하여라."라는 말은
바로 약속이 딸린 첫 계명, 십계명의 하나이며
"네가 잘되고 땅에서 오래 살 것이다." 하신 약속입니다.

어버이된 그대들이여,
자녀들을 성나게 하지 말고
주님의 훈련과 훈계로 자녀들을 기르십시오.

종과 주인

종인 그대들이여,
그리스도께 순종하듯이 두려워하고 떨면서
순수한 마음으로 현세의 주인에게 순종하십시오.

사람들의 비위를 맞추려는 눈가림으로 하지 말고
그리스도의 종으로서
하느님의 뜻을 진심으로 실행하십시오.
사람이 아니라 주님을 섬기는 것처럼 기쁘게 섬기십시오.
종이든 자유인이든 좋은 일을 하면 주님께 상을 받습니다.

주인인 그대들이여,
그대들도 종들을 이와 같이 대해 주십시오.
겁주는 일은 이제 그만두십시오.
그들의 주님이시며 그대들의 주님인 분께서 하늘에 계시고
그분께서는 사람을 차별하지 않으신다는 것을
알아두십시오.

(에페 6, 10-20)

성령의 칼은 하느님 말씀

주님 안에서 그분의 힘을 받아 굳세어지십시오.
악마의 간계에 맞설 수 있도록
그대들은 하느님의 무기로 완전 무장하십시오.

우리의 전투 상대는 인간이 아니라
권세와 권력과 어둠의 지배자와 하늘의 악령들이니
악한 무리가 공격해 올 때에 그들을 대항하여
원수를 무찌르고 승리를 거둘 수 있도록
하느님의 무기로 완전한 무장을 갖추십시오.

진리로 허리에 띠를 두르고
의로움의 갑옷을 입고 굳건히 서십시오.
발에 평화의 복음을 위한 준비의 신을 신으십시오.
무엇보다 믿음의 방패를 잡으십시오.

그대들은 그 방패로
악마가 쏘는 불화살을 막을 수 있으니
구원의 투구를 받아쓰고 성령의 칼을 받아 쥐십시오.

성령의 칼은 하느님의 말씀이니
성령 안에서 온갖 기도와 간구를 올려 간청하시고
인내를 다하고 성도들을 위해 간구하며 깨어 있으십시오.

내가 입을 열면 복음의 신비를 전할 말씀이 주어지리니
내가 비록 사슬에 매어 있어도 복음의 말을 해야 할 때에
내가 담대히 알릴 수 있도록 나를 위해서도 간구하십시오.

5장

필리피 신자들에게
보낸 서간

인사와 필리피 교우들을 위한 기도

그리스도 예수님의 종인 나 바오로와 티모테오가
그분 안에 사는 필리피의 모든 성도들에게,
그리고 교회 지도자들과 보조자들에게 인사하니
하느님 우리 아버지와 주 예수 그리스도께서
은총과 평화를 그대들에게 내려주시기를 빕니다.

그대들을 기억할 때마다 하느님께 감사를 드리며
기도할 때마다 그대들 모두를 위해 기쁨으로
기도드립니다.
그대들은 첫날부터 지금까지 복음 전하는 일에 동참하니
그대들 안에 일을 시작하신 그분께서 완성시키실
것입니다.

그대들이 늘 내 마음 속에 자리 잡고 있는 까닭은
내가 갇혀 있을 때나, 복음을 수호하고 확증할 때나
그대들은 모두 나와 함께 동참하였기 때문이니
그리스도의 애정으로 그대들을 몹시 그리워합니다.

그대들의 사랑이 지식과 이해로 더욱 더 풍부해져서
무엇이 옳은 일인지 분별할 줄 알기를 기도합니다.
그대들이 순수하고 흠 없는 이로 그분의 날을 맞고
그분을 통하여 오는 의로움의 열매를 가득히 맺어
하느님께 영광과 찬양을 드리게 되기를 빕니다.

(필리 1, 19-26)

살든지 죽든지

그대들의 기도와 예수 그리스도의 영의 도움으로
그리스도를 선포하는 일이 구원으로 끝날 것을 알기에
나의 간절한 기대와 희망은 부끄러움을 당하지 않고
살든지 죽든지 이 몸으로 그분을 찬양하는 것입니다.

나에게는 삶이 곧 그리스도이며 죽는 것이 이득이 되지만
내가 육신을 입고 살아야 한다면 그것도 보람된 일이니
둘 사이에 끼여 어느 쪽을 선택해야 할지 잘 모르겠지만
나의 바람은 이승을 떠나 그리스도와 함께 있는 것입니다.

그 편이 내게 더 낫지만 이 육신 속에 머물러 있는 것이
그대들에게 더 필요하다는 확신이 있기에
그대들의 믿음이 더 깊어지고 기쁨을 누릴 수 있도록
내가 남아 그대들 곁에 머물러 있어야 함을 압니다.

믿음을 위한 투쟁

다만 그리스도의 복음에 합당한 생활을 하십시오.
내가 가서 그대들을 보든지
이렇게 멀리 떨어져 있든지
그대들에 대한 좋은 소식을 들을 수 있도록 하십시오.

그들이 한뜻으로 한마음으로
복음에 대한 믿음을 위하여
적대자들을 겁내지 않고 싸운다는 소식을 듣기 바랍니다.

그대들은 그리스도를 위하는 특권을, 말하자면
그분을 믿고 그분을 위해 고난까지 겪는 특권을 받았으니
전에 나에게서 보았고 지금 나에 대해 듣는 투쟁과
같은 투쟁을 그대들도 벌이고 있는 것이니 기뻐하십시오.

예수님이 지니셨던 마음

그대들은 그리스도 안에서
격려와 사랑에 찬 위로를 받으며
성령 안에서
친교를 나누고 애정과 동정을 나누고 있습니까?
그렇다면 뜻을 같이하고
같은 생각으로 같은 사랑을 지니고
나의 기쁨을 완전하게 해 주십시오.

무슨 일이든 이기심이나 허영심으로 하지 마십시오.
다만 겸손한 마음으로
서로 남을 자기보다 낮게 여기십시오.
저마다 자기 실속만 차리지 말고
남의 것도 돌보아 주십시오.
예수님께서 지니셨던 바로 그 마음을
그대들 안에 지니십시오.

(필리 2, 5-11)

그리스도의 찬가

그리스도 예수님은 하느님의 모습을 지니셨지만
하느님과 같음을 당연한 것으로 여기지 않으시고
오히려 당신 자신을 비우시고
종의 신분을 취하시어 우리와 같은 인간이 되셨습니다.

이렇게 인간의 모습으로 나타나
당신 자신을 낮추시어 죽기까지,
바로 십자가 죽음에 이르기까지 순종하셨습니다.
그러므로 하느님께서도 그분을 드높이 올리시고
그분께 모든 이름 위에 뛰어난 이름을 주셨습니다.

그리하여 예수님의 이름 앞에
하늘과 땅 위와 아래에 있는 자들이 다 무릎을 꿇고
예수 그리스도는 주님이시라고 모두 고백하며
하느님 아버지께 영광을 드리게 하셨습니다.

세상의 빛

사랑하는 그대들이여,
그대들은 늘 순종하였으니
내가 함께 있을 때만 아니라 떨어져 있을 때 더 순종하여
경외하는 마음으로 그대들 자신의 구원을 위해
힘쓰십시오.

하느님은 그대들 안에 의지를 일으키시고
그 의지를 실천할 힘을 주시는 분이시니
무슨 일이든 투덜거리거나 따지지 말고 행하십시오.

그대들은 비뚤어지고 뒤틀린 이 세대에서
허물없는 사람, 순결한 사람,
하느님의 흠 없는 자녀가 되어
이 세상에서 별처럼 빛날 수 있도록 하십시오.

그러면 내가 헛되이 달음질하거나
헛되이 애쓴 것이 되지 않고

그리스도의 날에 자랑할 수 있게 될 것이니

내가 설령 하느님께 올리는 포도주가 되어
그대들이 봉헌하는 믿음의 제물 위에 부어진다 하여도
나는 기뻐하리니
그대들도 나와 함께 기뻐하십시오.

티모테오와 에파프로디토스

나는 티모테오를 그대들에게 곧 보낼 수 있기를 비니
나도 그대들의 소식을 알고 기운을 얻으려는 것이며
나와 같은 마음으로 그대들을 성심껏 돌보아 줄 사람은
나에게는 티모테오 밖에 달리 아무도 없기 때문입니다.

모두 자기 일만 추구할 뿐 예수님의 일은 추구하지 않지만
디모테오는 그대들이 알다시피 믿을 수 있는 사람이며
나와 함께 마치 아버지와 자식처럼 복음을 위해
일하였으니
그를 형편 되는대로 곧 그대들에게 보낼 수 있기를 바라며
나도 곧 그대들에게 가게 되리라
주님 안에서 확신합니다.

에파프로티토스도 그대들에게 보내야 한다고 생각하니
그는 나의 형제이고 협력자이고 전우이며
그대들의 대표이며
내가 손이 모자랄 때
나를 도와주며 극진히 섬긴 사람입니다.

그는 그대들 모두를 그리워할 뿐만 아니라
자기가 병이 났다는 소식을
그대들이 듣게 되어 불안해합니다.

그는 병이 나서 죽을 뻔했지만
하느님께서는 자비를 베푸시어
내가 이중으로 슬픔을 겪지 않게 해 주셨습니다.

그대들이 그를 다시 보고 기뻐하게 하며
나도 근심을 덜려고
나는 더욱 서둘러 그를 보내려는 것입니다.
그는 목숨 걸고 주님을 위해 일하다 죽을 고비를 겪었으니
그대들은 주님 안에서 기쁘게 그를 맞아들이고
존경하십시오.

예수님을 아는 지식

나의 형제인 그대들이여,
주님 안에서 기뻐하십시오.
같은 내용을 되풀이하여 써 보낸다고
나에게 성가실 것 없고
오히려 그것이 그대들에게 더 안전한 것이 되기 때문입니다.

개들을 조심하십시오.
나쁜 일꾼들을 조심하십시오.
거짓된 할례를 주장하는 자들을 조심하십시오.

하느님의 영으로 예배하고
그리스도 예수님 안에서 자랑하며
육적인 것에 신뢰를 두지 않는
우리야말로 참된 할례를 받은 사람입니다.
하기야 나도 세속적인 면에서 내세울 만한 것이 있습니다.

어떤 사람이 세속적인 면에서 자랑한다면

나는 더 그렇습니다.
이스라엘 민족 벤야민 지파 출신으로 여드레 만에
할례받았고
히브리 사람에게서 태어난 히브리 사람이며
율법으로 말하면 바리사이이며
열성으로 말하면 교회를 박해하던 사람이었고
율법에 따른 의로움으로 말하면
흠잡을 데 없는 사람이었습니다.

그러나 나는 내게 이롭던 이런 것들을
그리스도 때문에 모두 해로운 것으로 여기게 되었으니
나에게는 그리스도 예수님을 아는 지식이
무엇보다 존귀하기에
나는 그리스도를 위해
모든 것을 잃었고 모두 쓰레기로 여기니
내가 그리스도를 얻고 그리스도와 하나가 되려는 것입니다.

율법을 지킴으로써
하느님과 올바른 관계를 얻는 것이 아니라
내가 그리스도를 믿을 때 내 믿음을 보시고
하느님께서 나를 당신과 올바른 관계를 이루어 주십니다.

내가 바라는 것은 그리스도와 그분 부활의 능력을 깨닫고
그분 고난에 동참하고 그분과 같이 죽는 것이니
그리하여 죽은 이들 가운데서
부활에 이를 수 있기를 빕니다.

목표를 향한 달음질

나는 이 희망을 얻은 것도,
목적지에 다다른 것도 아니고
다만 그것을 차지하려고 달려갈 따름이니
그리스도께서 이미 나를 당신 것으로 차지하셨기
때문입니다.

형제들이여,
나는 이미 그것을 차지한 것으로 여기지 않으니
나는 내 뒤에 있는 것을 잊고 앞을 향해 내달리고 있습니다.
하느님께서 예수님 안에 하늘로 불러주시는 상을 얻으려
그 목표를 향하여 달려가고 있을 뿐입니다.

믿음이 성숙한 우리는
이런 생각을 지니고 살아가야 하지만
만일 그대들이 어떤 문제에 관하여 달리 생각한다면
그것도 하느님께서 그대들에게 분명히 계시해 주실 것이니
우리가 어디에 이르렀든 다 같이 같은 길로 나아갑시다.

형제인 그대들이여,
다 함께 나를 본받는 사람이 되십시오.
그대들이 우리를 본보기로 삼는 것처럼
그렇게 살아가는 다른 사람들도 눈여겨보십시오.

내가 그대들에게 자주 말하였고 지금 눈물 흘리며 말하니
많은 사람들이 그리스도의 십자가의 원수로 살아가고
있으니
그들의 끝은 멸망이니
그들은 자기네 배를 하느님으로
자기네 수치를 영광으로 삼으며 이 세상 것에만
마음을 씁니다.

우리는 하느님의 시민으로 구세주로 오실 예수님을
고대하오니
그분은 만물을 당신께 복종시킬 수 있는 그 권능으로
우리 비천한 몸을 당신의 영광스러운 몸처럼 변화시킬
것입니다.

늘 기뻐하십시오

사랑하는 그리운 형제인 그대들,
나의 기쁨이며 화관인 그대들!
사랑하는 그대들이여, 주님 안에 굳건히 서 있으십시오.
에우오디아에게 권고하고 신티케에게 권고하니
나의 진실한 동지인 그대들은
주님 안에서 뜻을 같이하십시오.

그대들에게도 당부하니, 이 여자들을 도와주십시오.
이들은 클레멘스를 비롯하여 나의 다른 협력자들과 더불어
복음을 전하려고 나와 함께 애쓴 사람들로서
이 모든 이들의 이름이 생명의 책에 적혀 있습니다.

주님 안에서 늘 기뻐하십시오.
거듭 말하니 기뻐하십시오.
그대들의 너그러운 마음을
모든 사람들이 알 수 있게 하시고
주님께서 가까이 오셨으니, 아무것도 걱정하지 마십시오.

언제나 감사하는 마음으로 기도하고 간구하며
그대들의 소원을 하느님께 아뢰십시오.
사람의 모든 이해를 뛰어넘는 평화가
그대들의 마음과 생각을
그리스도 예수님 안에서 지켜 줄 것입니다.

형제인 그대들이여,
참된 것과 고귀한 것과 의로운 것과
정결한 것과 사랑스러운 것과 영예스러운 것은 무엇이든
덕스럽고 칭송받을 것은 무엇이든 마음에 간직하십시오.

나에게 배우고 받고 듣고 본 것을 그대로 실행하십시오.
그러면
평화의 하느님께서 그대들과 함께 계실 것입니다.

선물에 대한 감사

그대들이 나를 생각해주는 마음을
다시 한 번 보여 주었기에
나는 주님 안에서 크게 기뻐하며 감사를 드립니다.

그대들은 줄곧 나를 생각해주었지만
보여줄 기회가 없었으니
내 처지가 어려워서 이런 말을 하는 것은 결코 아닙니다.
나는 어떤 처지에서도 스스로 만족하는 법을 배웠으니
나는 비천하게 살 줄도 알고 풍족하게 살 줄도 알며
배부르거나 배고프거나 넉넉하거나 모자라거나
어떤 처지에도 잘 지내는 비결을 알고 있습니다.

나에게 힘을 주시는 분 안에서
나는 모든 것을 할 수 있지만
그대들이 내가 겪는 환난에 동참한 것은 잘한 일입니다.
복음 선포를 시작할 무렵 내가 마케도니아를 떠날 때
그대들 이외에는 나와 주고받는 교회가 없었음을
알 것이며

테살로니카에 있을 때도
그대들이 두어 번 필요한 것을 보냈으니
선물을 바라는 것이 아니라 그대들에게 이익이 되기를
바랍니다.

나는 모든 것을 다 받아 넉넉하게 되었으며
그대들이 에파프로토스 편에 보낸 것을 받아 풍족하니
그것은 향기로운 예물이며 하느님 마음에 드는
제물이었습니다.
하느님께서는 풍요로움으로
그대들의 필요를 채워 주실 것이니
우리 하느님 아버지께 영원무궁토록 영광이 있기를
비나이다. 아멘.

(필리 4, 21-23)

끝인사

그리스도 예수님 안에 있는 모든 성도에게
안부를 전해주십시오.
나와 함께 있는 형제들이 그대들에게 인사를 전하며
모든 성도들, 특히 카이사르의 집안에 속한 사람들이
인사하니
주 예수 그리스도의 은총이 그대들의 영과 함께하기를
빕니다.

6장

콜로새 신자들에게
보낸 서간

인사

하느님의 뜻을 따라 그리스도 예수님의 사도가 된
바오로와 티모테오 형제가 콜로새에 있는 성도들
곧 그리스도 안에서 충실한 형제들에게 인사합니다.
하느님 아버지께서
그대들에게 은총과 평화를 내려주시기를 빕니다.

감사 기도

우리는 그대들을 위해 늘 기도드리며 그때마다
예수 그리스도의 아버지 하느님께 감사드리나니
그리스도 예수님에 대한 그대들의 믿음과
모든 성도를 향한 사랑을 전해 들었기 때문입니다.

그 믿음과 사랑은 그대들을 위해서
하늘에 마련된 희망에 바탕을 둔 것이며
그대들은 이 희망에 대한 진리의 말씀,
곧 복음을 받아 들였을 때에 이미 들었습니다.

그 복음은 그대들에게 전해져서
그대들이 진리 안에서 은총을 듣고 깨달은 날부터
온 세상에서 그러하듯이
그대들에게서도 열매를 맺으며 자라고 있습니다.

그대들은 하느님의 그 은총을
우리가 사랑하는 동료 에파프라스에게 배웠으니

그는 그대들을 위한 그리스도의 충실한 일꾼이며
성령 안에서 이루어지는
그대들의 사랑을 우리에게 전해 준 사람입니다.

콜로새 교회를 위한 기도

우리는 그 소식을 들은 날부터
그대들을 위해 끊임없이 기도하며 청하고 있으니
그대들이 온갖 지혜와 깨달음으로
그분의 뜻을 아는 지식이 충만하여
주님께 맞갖은 삶으로 기쁨을 드리려는 것입니다.

그대들이 온갖 선행에서 열매를 맺고
하느님을 더욱 잘 알게 되기를 바라며
하느님의 영광스러운 능력에서 오는 힘을 받아
모든 것을 참고 견디어 내기를 바랍니다.

기쁜 마음으로 그대들이 빛 가운데 있는 성도들의
상속의 몫을 나누어 주신 하느님께 감사드리오니
하느님께서는 우리를 어둠의 권세에서 구해 내시어
당신께서 사랑하시는 아드님의 나라로 옮겨 주셨고
우리는 아드님 안에서 속량 곧 죄의 용서를 받았습니다.

그리스도 찬가

그분은 보이지 않는 하느님의 모상이시며
모든 피조물의 맏이시니
과연 하늘과 땅 위에 있는 만물은
그분 안에서 창조되었나이다.

보이는 것들과 보이지 않는 것들,
왕권이나 주권, 권세나 권력이나
만물이 그분으로 말미암아
또 그분을 위해서 창조되었나이다.

그분은 만물에 앞서 계시고
만물은 그분 안에서 존속하니
그분은 당신 몸인 교회의 머리이시나이다.

그분은 모든 것의 시작이시고
죽은 이들 가운데 맏이이시며
만물의 으뜸이 되셨나이다.

과연 하느님께서는 기꺼이
그분 안에 온갖 충만함이 머무르게 하셨으니
그분 십자가의 피를 통하여 평화를 이루시어
땅에 있는 것이나 하늘에 있는 것이나
그분을 통하여 그분을 향하여
만물을 기꺼이 화해시켰나이다.

하느님과 화해한 공동체

그대들은 한때 악행에 마음이 사로잡혀
하느님에게서 멀어지고 그분과 원수로 지냈지만
이제 하느님께서는 당신 아드님의 죽음을 통하여

그분의 몸으로 그대들과 화해시키시어
그대들이 거룩하고 흠 없고
나무랄 데 없는 사람으로
당신 앞에 설 수 있게 해 주셨습니다.

그대들은 믿음에 기초를 두고 꿋꿋하게 견디어 내며
그대들이 들은 복음의 희망을 버리지 말아야 하니
그 복음은 하늘 아래 모든 피조물들에게 선포되었고
나 바오로는 이 복음 선포의 봉사자가 되었습니다.

교회를 위한 바오로의 사도직

이제 나는 그대들을 위하여 고난을 겪으며 기뻐하니
그리스도의 몸인 교회를 위하여
그리스도의 남은 고난을 내 몸을 채우고 있습니다.

나는 그대들을 위해 하느님께서 맡겨 주신 사명에 따라
내가 하느님의 말씀을 다 전하기 위해서
교회의 봉사자가 되었습니다.

그 말씀은 과거 모든 시대와 세대에 숨겨져 있던 신비로
그 신비가 이제 하느님의 성도들에게 환히 드러났으니
하느님께서는 다른 민족들 가운데에 나타난 이 신비가
얼마나 풍성하고 영광스러운지
성도들에게 알려주셨습니다.

그 신비는 그대들 안에 계시는 그리스도이시니
그분은 곧 영광에 대한 희망이시기에
우리는 이 그리스도를 선포합니다.

모든 사람을 그리스도 안에서 완전한 이로 세우기 위하여
우리는 지혜를 다하여 모든 사람을 타이르고 가르치니
그러기 위해 나는 내 안에서 강하게 활동하시는
그리스도의 기운을 받아 열심히 노력하고 있습니다.

콜로새 신자들의 신앙

그대들과 라오디케이아에 있는 신자들과
내 얼굴을 직접 보지 못한 이들을 위하여
내가 얼마나 애쓰고 있는지를 그대들이 알기 바라니
그것은 그들의 마음이 위로를 받고 사랑으로 일치하여
그 깨달음의 충만함으로 온전히 부요하게 되고
하느님의 신비인 그리스도를 알게 하려는 것입니다.

그분 안에 지혜와 지식의 모든 보물이 감추어져 있으니
아무도 그대들을 그럴 듯한 말로 속이지 못하게 하려고
내가 이 말을 합니다.

내가 비록 몸으로는 그대들과 떨어져 있지만
영으로는 그대들과 함께 있으니
그대들의 질서 있는 생활과
그리스도에 대한 확고한 믿음을 보며 기뻐합니다.

그리스도 안에서 이루어지는 충만한 삶 1

그대들은 그리스도 예수님을 주님으로 받아들였으니
그분 안에서 살아가십시오.
가르침 받은 대로 그분에 대한 믿음에 뿌리를 내리고
믿음을 견고히 하여 감사하는 마음이 넘치게 하십시오.

헛된 철학의 속임수에 넘어가지 않도록 조심해야 하니
그것은 세상 원리를 기초로 인간이 만들어 전한 것이지
그리스도를 기초로 만들어진 것이 아니기 때문입니다.
그리스도의 인성 안에 하느님의 완전한 신성이 머무니
그대들도 그분과 하나가 되어 충만하게 되었습니다.

그분은 어떤 권세나 권력보다 더 높으신 분입니다.
그대들은 그분 안에서 손으로 행하지 않는 할례,
곧 그리스도의 할례를 받았으니
그것은 육신의 몸을 벗어버리는 것입니다.

그대들은 세례로 그리스도와 함께 묻혔고

그분을 죽은 이들 가운데서 일으키신
하느님의 능력에 대한 믿음으로
그분 안에서 그분과 함께 되살아났습니다.

그리스도 안에서 이루어지는 충만한 삶 2

그대들이 전에는 잘못을 저지르고
할례를 받지 않은 이로서 영적으로 죽은 이들이었으나
이제 하느님께서 그대들을 그분과 함께 다시 살리셨고
우리의 모든 잘못을 용서해 주셨습니다.

우리에게 불리한 조항들을 담은 우리 빚 문서를 지우고
그것을 십자가에 못 박아 우리에게서 없애 버리셨으니
권세와 권력들의 무장을 해제하여 구경거리로 만드시고
그리스도를 통해 그들을 이끌고 개선행진을 하셨습니다.

그러므로 먹거나 마시는 일이나 축제나 안식일 문제로
어느 누구도 그대들을 심판하지 못하게 하여야 하며
그런 것들은 장차 올 것들의 그림자일 뿐이고
실체는 그리스도의 몸입니다.

그대들은 겸손한 체하거나 천사를 숭배하는 자들에게
그대들이 받을 상을 빼앗기지 않도록 하여야 하며

그런 자는 자기가 본 환시에 빠진 나머지
세속적인 생각으로 헛된 교만에 부풀어 있습니다.

그들은 그리스도를 머리로 하는 몸의 지체가 아니니
몸은 이 머리로부터 관절과 인대를 통하여
영양을 공급받으며 서로 잘 연결되어
하느님께서 원하시는 대로 자라는 것입니다.

그리스도와 함께 하는 새 삶

그대들은 그리스도와 함께 죽어 세상의 원리들을 버렸다면
어찌하여 아직 이 세상에 살고 있는 것처럼 규정에 얽매어
"손대지 마라, 맛보지 마라, 만지지 마라." 합니까?

이 모든 것은 쓰고 나면 없어져 버리는 것에 대한 규정으로
인간의 법규와 가르침에 따른 것들일 뿐이니
제멋대로의 예배와 겸손과 고행을 내세워
지혜롭게 보이지만
육체의 욕망을 다스리는 데는 아무런 가치도 없습니다.

그대들은 이제 그리스도와 함께 살아났으니
천상의 것들을 추구하도록 하십시오.
거기에는 그리스도께서 하느님 오른편에 앉아 계시니
위에 있는 것을 생각하고 땅에 있는 것은
생각하지 마십시오.
그대들은 이 세상에서는 이미 죽었기 때문이니

그대들의 참 생명은 그리스도와 함께 하느님 안에 숨겨져
그대들의 생명이신 그리스도께서 나타나실 때에
그대들도 그분과 함께 영광 속에 나타나게 될 것입니다.

(콜로 3, 5-17)

그리스도인의 생활 원칙

그대들 안에 있는 세속적인 것들,
곧 불륜, 더러움, 욕정, 나쁜 욕망, 탐욕을 죽이십시오.
이런 것들은 모두 우상 숭배이니
하느님의 진노가 순종하지 않는 사람들에게 내립니다.

그대들도 전에 이런 욕망에 빠져 그렇게 살아갔지만
이제는 분노, 격분, 악의, 중상, 부끄러운 말을 버리고
서로 거짓말을 하지 마십시오.

그대들은 옛 인간을 그 행실과 함께 벗어 버리고
새 인간을 입은 사람이니
자기를 창조하신 분의 모상을 따라
끊임없이 새로워지면서 참된 지식을 지니게 됩니다.

여기에는 그리스인도 유다인도
할례 받은 이도 할례 받지 않은 이도
야만인도 스키타이인도 종도 자유인도 없으니

324

그리스도만이 모든 것이며 모든 것 안에 계십니다.

그러므로 하느님께 선택된 거룩하고 사랑받는 사람답게
자비로운 동정심, 친절, 겸손, 온유, 인내를 입으십시오.
누가 누구를 탓할 것이 있다고 하더라도
서로 참아 주고 서로 은혜로이 용서해 주십시오.

주님께서 그대들을 용서하신 것처럼 서로 용서하며
이 모든 것 위에 사랑을 입으십시오.
사랑은 모든 것을 완전하게 묶어 주는 끈이니
그리스도의 평화가 그대들 마음을 다스리게 하십시오.

그대들은 한 몸 안에서 평화를 누리도록 부르심 받았으니
감사하는 사람이 되고
그리스도의 말씀이 그대들 가운데 풍성히 머무르게 하며
지혜를 다하여 서로 가르치고 타이르십시오.

하느님께 감사하는 마음으로 시편, 찬미가, 영가를 부르고
말이든 행동이든 무엇이든 주 예수님의 이름으로 하면서
그분을 통하여 하느님 아버지께 감사를 드리십시오.

그리스도인의 가정

아내 여러분,
주님 안에서 마땅히 그래야 하니
남편에게 순종하십시오.

남편 여러분,
아내를 사랑하십시오.
그리고 아내를 모질게 대하지 마십시오.

자녀 여러분,
모든 일에 부모에게 순종하십시오.
이것이 주님의 마음에 드는 일입니다.

아버지 여러분,
자녀들을 들볶지 마십시오.
그러다가 그들의 기를 꺾고 맙니다.

종 여러분,

모든 일에 현세의 주인에게 순종하십시오.
사람들에게 잘 보이려고 눈가림으로 하지 말고
주님을 경외하면서 순수한 마음으로 하십시오.

무슨 일을 하든지 사람을 섬긴다는 생각이 아니라
주님을 섬기듯 진심으로 하십시오.
주님께서 약속하신 상을 받는다는 것을 아십시오.

그대들은 주님이신 그리스도를 섬기는 사람들로서
불의를 행하는 자는 그 불의의 대가를 받게 되니
여기에는 사람을 차별하는 일이 없음을 아십시오.

주인 여러분,
종들을 정당하고 공정하게 대하십시오.
그대들에게도 하늘에 주인이 계심을 알아 두십시오.

여러 가지 권고

항상 깨어 있으면서 감사의 마음으로 기도하고
하느님께서 당신 말씀의 문을 열어 주시어
우리가 그리스도의 신비를 말할 수 있도록
우리를 위해서도 기도해 주십시오.

나는 그 신비를 위하여 지금 갇혀 있으니
내가 마땅히 그 신비를 말해야 하는 만큼
그 신비를 밝히 나타낼 수 있도록 기도해 주십시오.

교회 바깥사람들에게는 지혜롭게 대하며
시간을 잘 쓰고
그대들의 말은 소금으로 맛을 낸 듯 호감을 주고
각 사람에게 어떻게 대답해야 할 지 알아야 합니다.

끝인사

주님 안에 사랑하는 형제이자 충실한 일꾼이며 동료인
티키코스가 내 모든 사정을 그대들에게 알려 줄 것이며
그 때문에 내가 티키코스를 그대들에게 보내니
우리 형편을 알리고 그대들의 마음을 격려하는 것입니다.

충실하고 사랑받는 형제 오네시모스도 같이 보내니
그는 그대들의 동향인으로
이들이 이곳 사정을 그대들에게 다 알려 줄 것입니다.

나와 함께 갇혀 있는 아리스타르코스,
그리고 바르나바의 사촌 마르코가 그대들에게 문안드리며
마르코에 관해서는 그대들이 이미 지시를 받았으니
그가 그대들에게 가거든 그를 기꺼이 맞아 주십시오.

유스투스라고 하는 예수도 그대들에게 문안드리니
할례 받은 이들 중에서 오직 이들만이 나의 협력자로서
나에게 위안이 되었습니다.

그대들의 동향인이며 예수님의 종인 에파프라스도
문안드리니
그는 그대들이 완전하며 하느님의 모든 뜻에 확신을 지니고
굳건히 서 있도록 늘 그대들을 위해 열심히
기도하고 있습니다.

나는 그에 관하여 증언할 수 있으니
그대들과 라오디케이아와
히에라폴리스에 있는 이들을 위해
그가 수고하고 있다는 사실입니다.
사랑하는 의사 루카와 데마가 그대들에게 문안드립니다.

라오디케이아이 있는 형제들,
교회에 안부를 전해 주십시오.
그대들이 이 편지를 읽고 난 후에
라오디케이아 교회에서도 읽게 해 주시고
라오디케이아 교회에 가는 편지를 그대들도 읽으십시오.

아르키포스에게는 이렇게 전해 주십시오.
"그대가 주님 안에서 받은 직무를 완수할 수 있도록
주의를 기울이십시오."

이 인사말은 나 바오로가 직접 손으로 쓰니
사슬에 묶여 있는 나를 기억해 주십시오.
하느님의 은총이 그대들과 함께 하기를 빕니다.

7장

테살로니카 자들에게 보낸 첫째 서간

인사와 테살로니카 신자들의 믿음

바오로와 실바누스와 티모테오가
하느님 아버지와 주 예수 그리스도를 믿는
테살로니카 사람들의 교회에 문안드리니
은총과 평화가 그대들에게 내리기를 빕니다.

우리는 기도 중에 그대들을 기억하면서
그대들 모두를 두고 늘 하느님께 감사드리니
끊임없이 그대들의 믿음의 행동과 사랑의 노고와
우리 주 그리스도에 대한 희망의 인내를 기억합니다.

하느님께 사랑받는 형제 여러분,
우리는 그대들이 선택되었음을 알고 있으니
우리 복음이 말로만이 아니라 힘과 성령과 확신으로
그대들에게 전해졌기 때문입니다.

우리가 그대들을 위하여 그대들 가운데서
어떻게 처신하였는지 그대들이 잘 알고 있으니

그대들은 큰 환난 속에서도
성령께서 주시는 기쁨으로 말씀을 받아들여
우리와 주님을 본받는 사람이 되었습니다.

그대들은 마케도니아와 아카이아의 신자들의 모범으로
주님의 말씀이 그대들에게 시작되어
마케도니아와 아카이아에 울려 퍼졌을 뿐만 아니라
하느님에 대한 그대들의 믿음이 곳곳에 알려졌으니
우리는 더 이상 말할 필요가 없게 되었습니다.

그곳 사람들이 우리에 관한 이야기를 전하고 있으니
우리가 그대들을 찾아갔을 때 우리를 어떻게 받아들였는지
어떻게 우상을 버리고 돌아서서 하느님을 섬기게 되었는지
어떻게 하느님께서 죽은 이들 가운데에서 일으키신 아드님,
곧 닥쳐오는 진노에서 우리를 구해 주실 예수님께서
하늘로부터 오실 것을 기다리게 되었는지 전하고
있습니다.

바오로의 테살로니카 선교 1

형제 여러분,
그대들을 찾아간 일이 헛되지 않았음을 그대들이 아니
우리는 전에 필리피에서 고난을 겪고 모욕을 당하였지만
오히려 우리 하느님 안에서 용기를 얻어 격렬히 투쟁하면서
그대들에게 하느님의 복음을 전하였습니다.

우리의 설교는 그릇된 생각에서 나온 것도 아니고
불순한 동기에서 나온 것도,
속임수로 한 것도 아니니
하느님께서 우리를 인정하여 맡기신 복음을
그대로 전합니다.

그것은 사람들의 환심을 사려는 것이 아니라
우리 마음을 살피시는 하느님을
기쁘게 해 드리려는 것이니
그대들도 알다시피
우리는 한 번도 아첨하는 말을 하지 않았고

복음 선포를 욕심을 채우기 위한 구실로 삼지도
않았습니다.

하느님께서 그 증인이시니
그대들에게서나 다른 사람들에게서나
우리는 도무지 사람들로부터 영광을 구하지 않았습니다.
우리는 그리스도의 사도로서 위엄 있게 처신할 수도
있었으나
자녀를 돌보는 어머니처럼
그대들에게 온화하게 처신하였으니

이처럼 우리는 그대들에게 애정을 지니고 있기 때문에
하느님의 복음을 그대들과 나눌 뿐만 아니라
그대들을 위하여 우리 자신까지 바치기로 결심하였으니
그대들은 그토록 우리에게 사랑받는 사람들이
되었습니다.

바오로의 테살로니카 선교 2

형제 여러분,
그대들은 우리의 수고와 고생을 잘 기억하고 있을 것이니
그대들 중 누구에게도 폐 끼치지 않으려고
밤낮으로 일하면서
하느님의 복음을 그대들에게 선포하였습니다.

우리가 얼마나 경건하고 의롭고
흠 잡힐 데 없이 처신하였는지
그대들이 목격해서 잘 아는 일이고
하느님께서도 증인입니다.
우리는 아버지가 자녀를 대하듯
그대들 하나하나를 대하였으며
당신의 나라와 영광으로 그대들을 부르시는
하느님께 맞갖은 삶을 살아가라고
그대들에게 권고하고 격려하며 역설하였습니다.

우리는 또한 끊임없이 하느님께 감사를 드리니
우리가 전하는 하느님의 말씀을 들을 때

그대들은 그것을 사람의 말로 받아들이지 않고
사실 그대로 하느님의 말씀으로 받아들였기 때문입니다.

그 말씀이 믿는 그대들의 마음 안에서 활동하고 있으니
그대들은 그리스도 예수님 안에서 살아가는
유다에 있는 하느님 교회를 본받는 사람이 되었으니
그곳 신자들이 유다인에게서 받는 것과 똑같은 고난을
그대들도 그대들의 동족에게서 받았기 때문입니다.

유다인들은 주 예수님을 죽이고 예언자들도 죽였으며
우리까지 박해하였으니
그들은 하느님의 마음에 들지 않는 자들이며
모든 사람들을 적대하는 자들로서
다른 민족들에게 말씀을 전하여 구원받게 하려는 것을
방해함으로써 자기들의 죄를 쌓아갔으니
마침내 그들에게 하느님의 진노가 내리게 되었습니다.

테살로니카로 가려는 바오로 1

형제 여러분,
이제 우리는 마음으로는 그렇지 않지만
그대들의 얼굴을 보지 못한 채 잠시 외로이 떨어져 있으니
그럴수록 우리는 간절한 열망으로
그대들의 얼굴을 보려고 더욱 애썼습니다.

우리는, 특히 나 바오로는 두어 번
그대들에게 가려고 했으나
사탄이 우리를 방해했습니다.
우리 주 예수님께서 재림하실 때
그분 앞에 우리 희망과 기쁨과 화관이 될 사람은
누구입니까?

그대들도 거기 끼지 않겠습니까?
그대들이야말로 우리의 영광이며 기쁨이기 때문입니다.
우리는 더 참을 수 없어서 우리만 아테네에
남아 있기로 하고
우리 형제이며 그리스도의 복음을 위한 하느님의 협력자인

디모테오를 그대들에게 보냈습니다.

그것은 그대들의 힘을 북돋아 주고
그대들의 믿음을 격려하여
이 환난 중에 아무도 흔들리지 않게 하려는 것이었으니
그대들이 잘 아는 대로
우리는 이런 일을 겪게 마련입니다.

우리는 그대들과 함께 있을 때
우리가 환난을 당하리라고
그대들에게 미리 말한 바 있으니
과연 그렇게 되었고 그대들은 그것을 알고 있으니
나는 그대들의 믿음을 알아보려고 디모테오를 보냈습니다.

그것은 혹시라도 유혹하는 자가 그대들을 유혹하여
우리 노고를 헛되게 하지 않을까 염려되었기 때문이었는데
이제 그대들에게 갔던 디모테오가 우리에게 돌아와서
그대들의 믿음과 사랑에 관한 기쁜 소식을 전하고
그대들이 우리를 언제나 좋게 생각하며
우리가 그대들을 간절히 보고 싶어 하듯이
그대들도 우리를 보고 싶어 한다는 소식을
알려 주었습니다.

테살로니카로 가려는 바오로 2

형제 여러분,
우리는 그대들을 두고 우리의 모든 곤경과 환난 속에서도
그대들의 믿음 때문에 위로를 받았으니
그대들이 주님 안에 굳건히 서 있다니 우리는 살았습니다.

그러니 우리가 그대들 때문에 우리 하느님 앞에서 누리는
모든 기쁨을 두고 하느님께 어떻게 감사를 드려야 합니까?

우리는 그대들의 얼굴을 보고
그대들의 믿음의 부족한 부분을 채워 줄 수 있게 되기를
밤낮으로 간절히 기도하고 있습니다.

하느님 우리 아버지께서 친히,
그리고 우리 주 예수님께서
우리가 그대들에게 갈 수 있도록
길을 열어 주시기를 빕니다.

그대들이 서로 지니고 있는 사랑과

다른 사람을 향한 사랑도
그대들에 대한 우리의 사랑처럼
주님께서 더욱 자라게 하시고
충만하게 하시며, 그대들의 마음에 힘을 북돋아 주시어
우리 주 예수님께서 당신의 성도들과 함께 재림하실 때
그대들이 하느님 우리 아버지 앞에
흠 없이 거룩한 사람으로 나설 수 있게 되기를 빕니다.
아멘.

하느님의 뜻에 맞는 생활

형제 여러분,
끝으로 우리는 주 예수님의 이름으로 당부하고 권고하니
그대들은 어떻게 살아야
하느님을 기쁘게 해 드릴 수 있는지
우리에게서 배웠고 또 그렇게 배운 대로 살고 있으니
앞으로 더욱 더 그렇게 살아가십시오.

그대들은 우리가 예수님의 권위로 지시해 준 것을 압니다.
하느님의 뜻은 그대들이 거룩한 사람이 되는 것으로
곧 그대들은 불륜을 멀리하고
각자 자기 아내를 존중하는 마음으로 거룩하게 대하고
하느님을 모르는 이교인처럼
욕정에 빠지지 않도록 하십시오.

이런 일로 잘못을 저지르거나
형제를 속이지 말아야 합니다.
우리가 전에 엄숙히 지시하고 경고한 바와 같이

주님께서는 이런 일에 가차 없이 처벌하실 것입니다.

하느님께서 우리를 정욕 속에서 살라고 부르신 것이 아니라
거룩하게 살라고 부르셨기 때문이니
이 사실을 무시하는 자는 사람을 무시하는 것이 아니라
우리에게 성령을 주시는 하느님을 무시하는 것입니다.

형제들을 사랑하는 일에 관해서는 더 이상 쓸 것이 없으니
그대들이 하느님에게 서로 사랑하라는 가르침을
받았기 때문이며
그대들이 마케도니아의 모든 형제들에게
잘 실천하고 있습니다.

형제 여러분,
그대들이 더욱 더 그렇게 하기를 권고하니
내가 전에 지시한 대로 조용히 살도록 힘쓰며
자기 일에 전념하고 자기 손으로 일해서 살아가십시오.

그러면
교회 바깥사람들에게서도 존경 받게 되고
남에게 신세를 지지 않게 될 것입니다.

주님의 재림 1

형제 여러분,
죽은 사람들에 관하여 그대들이 알아야 할 것이 있으니
희망을 지니지 못하는 다른 사람들처럼
슬퍼하지 마십시오.

우리는 예수님께서 죽으셨다가 다시 살아나신 것을 믿으며
우리는 하느님께서 예수님을 믿다가 죽은 사람들을
예수님과 함께 생명의 나라로 데려가실 것을 믿습니다.

우리는 주님의 말씀을 근거로 해서 말하니
주님께서 다시 오시는 날 우리가 살아남아 있다 해도
우리는 이미 죽은 사람들보다 먼저 가지는 못할 것입니다.

명령이 떨어지고
대천사의 목소리와 하느님의 나팔이 울리면
주님께서 친히 하늘에서 내려오실 것이니
그리스도를 믿다가 죽은 사람들이 먼저 살아날 것이고

다음으로 그때에 살아남은 우리가
그들과 함께 구름을 타고
공중으로 들리어 올라가서 주님을 만나게 될 것입니다.

그렇게 해서
우리는 항상 주님과 함께 있게 될 것이니
그대들은 이런 말로 서로 격려하십시오.

주님의 재림 2

형제 여러분,
그 시간과 그 때에 관해서는 그대들에게 쓸 필요가 없으니
주님의 날이 마치 밤도둑처럼 온다는 것을
그대들도 압니다.

사람들이 "평화롭다, 안전하다." 할 때
아기를 밴 여자에게 진통이 오는 것처럼
갑자기 파멸이 닥치니
아무도 그것을 피하지 못할 것입니다.

그러나 형제 여러분,
그대들은 어둠 속에 있지 않으므로
그날이 그대들을 도둑처럼 덮치지는 않을 것입니다.
그대들은 빛의 자녀이며 대낮의 자녀로
우리는 밤이나 어둠에 속한 사람이 아니니
이제 우리는 다른 사람들처럼 잠들지 말고
맑은 정신으로 깨어 있도록 합시다.

잠자는 이는 밤에 자고 술에 취하는 이는 밤에 취하지만
우리는 대낮에 속한 사람이니 맑은 정신으로
믿음과 사랑의 갑옷을 입고 구원의 희망을
투구로 씁시다.

하느님은 우리가 진노의 심판을 받도록
정하신 것이 아니라
우리 주 그리스도를 통하여 구원을 차지하도록 정하셨으니
그리스도께서는 우리가 살아 있든지 죽어 있든지
당신과 함께 살게 하시려고 우리를 위해 돌아가셨습니다.

그러므로 그대들은 이미 하고 있는 그대로
서로 격려하고
저마다 남이 성장할 수 있도록 도와주십시오.

마지막 권고와 인사

형제 여러분,
그대들에게 당부하니
주님 안에서 그대들을 이끌고 타이르는 이들을 존중하고
그들이 하는 일을 생각하여 사랑으로 극진히 존경하며
서로 평화롭게 지내십시오.

형제 여러분,
그대들에게 권고하니
무질서하게 지내는 이들을 타이르고
소심한 이들을 격려하고
약한 이들을 도와주며
모든 이를 참을성 있게 대하십시오.

아무도 다른 이에게 악을 악으로 갚지 않도록 주의하고
서로에게 좋고 또 모든 사람에게 좋은 것을 늘 추구하며
언제나 기뻐하고 끊임없이 기도하며
모든 일에 감사하십시오.

이것이 예수님 안에서 하느님께서 원하시는 것입니다.
성령의 불을 끄지 말고 예언을 업신여기지 말며
모든 것을 살펴 분별하여
좋은 것은 간직하고 악한 것은 무엇이든지 멀리하십시오.

평화의 하느님께서
그대들을 온전히 거룩하게 해 주시기를 빌며
또 우리 주 예수님께서 재림하실 때까지
그대들의 영과 혼과 몸을 온전하고 흠 없이
지켜주시기를 빕니다.
그대들을 부르시는 분은 성실하신 분이시니
그렇게 해 주실 것입니다.

형제 여러분,
우리를 위해서도 기도해 주시고
거룩한 입맞춤으로 모든 형제에게 인사하십시오.

나는 주님의 이름으로 그대들에게 간곡히 부탁하니
이 편지를 모든 형제에게 읽어주십시오.
우리 주 예수님의 은총이 그대들과 함께 하기를 빕니다.

테살로니카 신자들에게 보낸 둘째 서간

인사와 주님의 재림 때에 이루어질 심판

바오로와 실바누스와 티모테오가
하느님 우리 아버지와 주 예수 그리스도를 믿는
테살로니카 사람들의 교회에 인사합니다.
하느님 아버지와 주 예수 그리스도에게서
은총과 평화가 그대들에게 내리기를 빕니다.

형제 여러분,
우리는 그대들 때문에 늘 하느님께 감사드리니
그렇게 하는 것이 당연합니다.
그대들의 믿음이 크게 자라나고 서로에게 베푸는
사랑이 더욱더 커지고 있기 때문입니다.

모든 박해와 환난 중에 보여준 인내와 믿음 때문에
우리는 하느님의 교회에서 그대들을 자랑으로 삼고
박해와 환난은 하느님의 의로운 심판의 징표로
하느님 나라에 합당한 사람이 되게 하려는 것입니다.

과연 그대들은 그 나라를 위하여 고난을 겪고 있으니
하느님께서는 정녕 의로우시어
그대들이 환난을 겪게 한 자들에게는 환난으로 갚으시고
그대들에게는 우리와 같이 안식으로 갚아 주실 것입니다.
그때 예수님께서는 타오르는 불꽃 속에 오셔서

하느님을 모르는 사람들과
주 예수님의 복음에 불순종하는 사람들에게 벌을 주시니
그들은 주님 앞에서 그분 권능의 영광에서 떨어져 나가
영원한 파멸의 형벌을 받게 됩니다.

그분이 오시는 그날에
그분은 성도들 가운데서 영광을 받으시고
모든 믿는 이들 가운데서 찬미를 받으실 것이니
그대들도 과연 우리의 증언을 믿었습니다.
그 때문에 우리는 늘 그대들을 위하여 기도합니다.

하느님께서 그대들을 부르심에
합당한 사람이 되게 하시고
그대들의 모든 선의와 믿음의 행위를
당신 힘으로 완성시켜 주시기를 빕니다.

우리 하느님과 주 예수 그리스도의 은총에 따라
우리 주 예수님의 이름이 그대들 가운데서 영광을 받고
그대들도 그분 안에서 영광을 받게 될 것입니다.

종말의 표징

형제 여러분,
우리는 우리 주 예수 그리스도의 재림과
우리가 다 같이 그분을 만나게 될 일을 두고 당부하니
누가 예언이나 설교로 또 우리가 보냈다는 편지를 가지고
주님의 날이 이미 왔다고 말하더라도
마음이 흔들리거나 불안해하지 마십시오.

누가 무슨 수를 쓰든 그대들은 속아 넘어가지 마십시오.

먼저 배교하는 사태가 벌어지고 불법의 사람이 나타나니
그는 멸망하게 되는 자로

신이라고 일컬어지는 것과 예배의 대상이 되는 것들에 맞서
자신을 들어 높이어 신이라 자처하며
성전에 자리잡습니다.
내가 그대들 곁에 있을 때
이 일에 관해 이야기한 것을 그대들도
기억하지 않습니까?

그대들도 알다시피
지금은 어떤 것이 그자를 저지하지만
그자는 자기 때가 되면 나타날 것입니다.
사실 그 불법의 신비는 이미 작용하고 있으니
다만 그것을 저지하는 어떤 이가 물러나야 하며
그러면 그 무법자가 나타날 터이지만

주 예수님께서는 당신의 입김으로 그자를 멸하시고
당신 재림의 광채로 그자를 없애 버리실 것입니다.
그 무법자가 오는 것은 사탄의 활동으로
그는 온갖 힘을 가지고 거짓 표징과 이적을 일으키며
멸망할 자들을 상대로 온갖 불의한 속임수를 쓸 것입니다.

그들이 진리를 사랑하여
구원받는 것을 거부하였기 때문이니
하느님께서는 그들에게 사람을 속이는 힘을 보내시어
거짓을 믿게 하시니
진리를 믿지 않고 불의를 쫓는 자들이
심판받게 하려는 것입니다.

구원받도록 뽑힌 이들

주님께 사랑받는 형제 여러분,
우리는 그대들을 생각할 때
하느님께 감사하지 않을 수 없으니
하느님께서는 그대들을 성령으로 거룩하게 하시고
진리를 믿게 하여 구원하시려고
첫 열매로 선택하여 주셨기 때문입니다.

하느님께서는 이렇게 그대들을 구원하시려고
그대들을 불러 우리가 전하는 복음을
받아들이게 하셨으니
그대들은 우리 주 예수님의 영광을 받아
누리게 되었습니다.

그러므로 형제 여러분,
굳건히 서서 우리의 말이나 편지로 배운 전통을
굳게 지키십시오.
하느님께서 우리를 사랑하시고 은총으로

위로와 희망을 주시니
하느님 우리 아버지와 우리 주 예수 그리스도께서 친히
그대들의 마음을 격려하시고 그대들의 힘을 북돋우어
온갖 좋은 일과 좋은 말을 하게 해 주시기를 빕니다.

기도 요청

끝으로 형제 여러분,
우리를 위해 기도해 주십시오.

주님의 말씀이 그대들에게서처럼
빠르게 퍼져 나가 찬양을 받고
우리가 고약하고 악한 사람들에게서
구출되도록 기도해 주십시오.
모든 사람이 믿음을 가지고 있지는 않습니다.

주님은 성실하신 분이시므로
그대들의 힘을 북돋우시고
그대들을 악에서 지켜주실 것입니다.
우리는 주님 안에서 그대들을 신뢰하니
우리가 지시하는 것을 그대들이 실행하리라 믿으며
주님께서 그대들의 마음을 이끄시어
하느님의 사랑과 그리스도의 인내를
본받게 해 주시기를 빕니다.

게으름에 대한 경고

형제 여러분,
우리는 그리스도의 이름으로 그대들에게 지시하니
무질서하게 지내며
우리에게 받은 전통을 무시하는 형제들은
모두 멀리하십시오.

그대들은 우리를 어떻게 본받아야 하는지 잘 알고 있으니
우리는 그대들과 함께 있을 때 무질서하게 살지 않았고
아무에게서도 양식을 거저 얻어먹지 않았으며
오히려 그대들 가운데 아무에게도 짐이 되지 않으려고
수고와 고생을 하며 밤낮으로 일하면서 살았습니다.

우리에게 권리가 없어서가 아니라
그대들이 우리를 본받도록 스스로 모범을 보인 것이니
사실 우리가 그대들과 함께 있을 때
누구든지 일하기 싫으면 먹지도 말라고
거듭 지시했습니다.

그런데 우리가 들으니
그대들 가운데 무질서하게 지내며 일은 하지 않고
남의 일에 참견만 하는 자들이 있다고 하니
그런 사람들에게 예수님의 이름으로 지시하고 권하니
묵묵히 일하여 자기 양식을 벌어먹도록 하십시오.

형제 여러분,
그대들은 선한 일을 행하는 데 지치지 마시고
이 편지에 적어 보내는 말에 누가 순종하지 않거든
그를 특별히 지목하여 그와 멀리하여 수치를 느끼게 하되
그를 원수처럼 여기지는 말고 형제처럼 타이르십시오.

축복과 인사

평화의 주님께서 친히 온갖 방식으로
언제나 그대들에게 평화를 내려주시기를 바라며
주님께서 그대들 모두와 함께 계시기를 빕니다.

이 인사말은 나 바오로가 직접 쓰나니
이것이 내 모든 편지의 표지로 나는 이렇게 씁니다.

우리 주 예수 그리스도의 은총이
그대들 모두와 함께하기를 빕니다.

8장

티모테오에게 보낸
첫째 서간

인사와 그릇된 가르침에 대한 경고

구원자이신 하느님과
희망이신 그리스도 예수님의 명령으로
그리스도의 사도가 된 나 바오로가
믿음으로 나의 착실한 아들이 된 티모테오에게
인사합니다.

하느님 아버지와 우리 주 그리스도 예수님에게서
은총과 자비와 평화가 내리기를 빕니다.
내가 마케도니아로 떠나며 당부한 대로
그대는 에페소에 머무르면서 그곳 일부 사람들에게
그릇된 교리를 가르치지 말고 꾸민 이야기나
끝없는 족보 시비에 정신을 팔지 말라고 지시하십시오.

그런 것들은 믿음을 통한 하느님의 계획에
도움이 되지 않고
오히려 궤변을 일삼게 할 뿐이니
그런 지시의 목적은

깨끗한 마음과 바른 양심과 진실한 믿음에서 나오는
사랑입니다.

어떤 사람들은 여기서 벗어나
쓸데없는 이야기에 빠져 있으니
그들은 율법 교사로 자처하지만
자기들이 말하는 것도,
자기들이 그토록 확신을 가지고 주장하는 것도
이해하지 못합니다.

율법의 역할

율법을 율법답게 선용하면 좋은 것임을 우리가 압니다.
율법은 의인 때문에 있는 것이 아니라
무법자와 순종하지 않는 자,
하느님을 무시하는 자와 거룩한 것을 속되게 하는 자,
아버지를 죽인 자와 어머니를 죽인 자, 사람을 죽인 자,
불륜을 저지른 자, 비역하는 자,
인신매매를 하는 자, 거짓말하는 자, 거짓 증언을 하는 자,

그리고 그 밖에 무엇이든
건전한 가르침에 어긋나는 짓을 하는 자 때문에 있습니다.

건전한 가르침은
복되신 하느님의 영광스러운 복음에 따른 것으로
나는 이 복음을 위임받았습니다.

바오로의 감사

내가 맡은 일을 감당할 수 있도록 힘을 주신
우리 주 그리스도 예수님께 나는 감사를 드립니다.

주님께서 나를 성실한 사람으로 인정하셔서
당신을 섬기는 직분을 나에게 맡겨 주신 것입니다.
나는 전에 그분을 모독하고 박해하고 학대하던 자였는데
그것은 내가 믿지 않을 때 모르고 한 일이었기 때문에

하느님께서는 나를 자비를 베푸셨으니
그리스도 예수님 안에 있는 믿음과 사랑과 함께
우리 주님의 은총이 넘쳐흘렀습니다.

이 말은 확실하여 그대로 받아들일 만한 가치가 있으니
그리스도 예수님께서 죄인들을 구원하시려고
이 세상에 오셨다는 것입니다.

나는 그 가운데서 첫째가는 죄인이지만

그럼에도 불구하고 하느님께서 나에게 자비를 베푸셨으니
앞으로 당신을 믿고 영원한 생명을 얻으려는 사람들에게
나를 본보기로 보여 주시려고

그리스도 예수님께서
먼저 나에게 당신의 무한한 관용을 베푸신 것이니
영원한 임금이시며 불사불멸하시고 눈에 보이지 않으시며
한 분뿐이신 하느님께 영예와 영광이
영원무궁하기를 빕니다.
아멘.

티모테오의 책무

내 아들 티모테오여!
나는 전에 그대에게 선포된 예언의 말씀을 따라
이 교시를 전합니다.

그대는 이 예언의 말씀에 힘입어
훌륭한 싸움을 하고 믿음과 곧은 양심을 지니십시오.
어떤 사람들은 이 양심을 저버려 믿음이 파선을 당했으니

그들 가운데에 히메내오스와 알렉산드로스가 있는데
내가 그들을 사탄에게 넘겨 준 것은
그들이 교육을 받아 다시는 모독하지 않게 하려는
것입니다.

모든 사람을 위한 기도

나는 무엇보다도 먼저 모든 사람을 위하여
간청과 기도와 전구와 감사를 드리라고 권고하며
임금들과 높은 지위에 있는 이들을 위해서도 기도하여
우리가 경건하고 품위 있게,
평온하고 조용한 삶을 살 수 있도록 하십시오.

그렇게 하는 것이 우리의 구원자이신
하느님께서 좋아하시고 마음에 들어 하시는 일이니
그분께서 모든 사람이 구원 받고
진리를 깨닫기를 바랍니다.

하느님은 한 분이시고
하느님과 사람 사이의 중재자도 한 분이시니
사람이신 그리스도 예수님이십니다.

당신 자신을 모든 사람의 몸값으로 내어 주신 분이시니
이로써 하느님의 뜻을 적절한 시기에 분명히 나타내 주셨고

나는 그분을 전하는 전도자와 사도로 임명을 받았으며
다른 민족들에게 믿음과 진리를 가르치는 임무를 받았으
니
나는 진실을 말할 뿐, 거짓말을 하지 않습니다.

올바른 예배 자세

남자들이 성을 내거나 말다툼 없이 어디에서나
거룩한 손을 들어 기도하기를 나는 바라마지 않습니다.
여자들도 정숙하고 단정한 옷차림을 해야 하며
머리를 지나치게 꾸미거나 금이나 진주로 치장을 하거나
비싼 옷이 아닌 착한 행실로 단장해야 합니다.

그래야 하느님을 공경하는 여자에게 어울리며
여자들은 조용히 순종하는 자세로 배워야 하니
여자가 자녀를 낳아 기르면서
믿음과 사랑과 거룩함을 지니고 정숙하게 살아가면
구원을 받을 것입니다.

교회 지도자의 자격

"교회의 감독이 되고 싶어 하는 사람은
훌륭한 직분을 바라는 사람이다."라는 말이 있는데,
사실로
감독은 탓할 데가 없어야 하고 한 아내의 충실한 남편이며
절제할 줄 알고 신중하고 단정하며
남을 후하게 대접하고 가르치는 능력이 있어야 합니다.

술을 과하게 마시지 않으며 난폭하지 않고 온순하며
남과 다투지 않고 돈에 욕심이 없어야 하며
가정을 잘 다스릴 줄 알고 자녀들을 순종시킬 줄
알아야 합니다.

가정을 이끌 줄 모르는 사람이
어떻게 교회를 돌볼 수 있겠습니까?
입교한 지 얼마 되지 않는 사람도 안 됩니다.
교만해져서 악마가 받는 심판에 떨어질 위험이
있기 때문이며

또한 교회 밖의 사람들에게도
좋은 평을 받는 사람이어야 하니
그래야 남의 비난을 받지 않고
악마의 올가미에 걸리지 않습니다.

봉사자의 자격

봉사자도 품위가 있어야 하고 한 입으로 두 말 하지 않으며
과음하지 않고 부정한 이익을 탐나지 않아야 하며
깨끗한 양심을 가지고 믿음의 신비를 간직한
사람이어야 합니다.

봉사자는 먼저 시험을 받아야 하고 흠이 없다는 것이
드러났을 때
비로소 그 직분을 받는 것이며
여자들도 마찬가지로 품위가 있어야 하고
남을 험담하지 않으며
절제할 줄 알고 모든 일에 성실해야 합니다.

봉사자들은 한 아내의 충실한 남편이어야 하고
자녀들과 자기 가정을 잘 이끄는 사람이어야 합니다.
사실 봉사직을 훌륭히 수행하는 이들은 좋은 명성을 얻고
그리스도 예수님에 대한 믿음에 더욱 큰 확신을 얻게
됩니다.

위대한 신앙의 신비

나는 그대에게 곧 갈 수 있기를 바라면서도 이 글을 쓰니
내가 늦어질 경우, 그대가 하느님의 집에서
어떻게 처신해야 하는지 알게 하려는 것입니다.

이 집은 살아계신 하느님의 교회로서
진리의 기둥이며 기초이니
우리 신앙의 신비는 참으로 위대합니다.

그분은 사람으로 이 세상에 오셨고
성령께서 그분의 옳으심을 입증하셨으며
천사들이 그분을 보았습니다.

그분은 만방에 전해져서
온 세상이 그분을 믿게 되었으며
그분은 영광 가운데 높여졌습니다.

거짓 교사들에 관한 경고

성령께서 분명히 말씀하시니
마지막 때에 어떤 사람들은
사람을 속이는 영들과 마귀의 가르침에 정신이 팔려
믿음을 저버릴 것이니

양심이 마비된 거짓말쟁이들의 위선 때문입니다.
그들은 혼인을 금지하고
또 믿어서 진리를 알게 된 이들이 감사드리며 먹도록
하느님께서 창조하신 어떤 음식을 끊으라고 요구합니다.

하느님께서 창조하신 것은 다 좋은 것으로
감사드리며 먹으면 거부할 것이 하나도 없으니
하느님의 말씀과 기도로 거룩하게 되기 때문입니다.

그리스도의 훌륭한 일꾼

이것을 형제들에게 가르치면
믿음의 말씀과 그대가 추구하는 훌륭한 가르침으로
그대는 그리스도 예수님의 훌륭한 일꾼이 될 것입니다.

저속하고 꾸민 이야기들을 물리치고
경건해지도록 자신을 단련하십시오.
몸의 단련은 별로 유익한 것이 아니고
현재와 미래의 생명의 약속을 지닌 경건함이 유익하니
이 말은 확실하고 그대로 받아들일 만합니다.

모든 사람 특히 믿는 이들의 구원자이신
살아 계신 하느님께
우리가 희망을 두고 있으며
우리는 이를 위해 애쓰며 싸우고 있으니
이것을 권고하고 가르치십시오.

아무도 그대가 젊다고 업신여기지 못하게 해야 합니다.

말, 행실, 사랑, 믿음, 순결에서 믿는 이들의 모범이 되며
내가 갈 때까지 성경 봉독과 권고와 가르침에
열중하십시오.

그대가 지닌 은사,
원로단의 안수와 예언을 통해 받은 은사를
소홀히 하지 말고
이 모든 일에 관심을 기울이고 전념하십시오.

그대가 더욱 나아지는 모습이 모든 사람에게 드러나게 하고
그대 자신과 그대 가르침에 주의를 기울이며 지속해 나가면
그대뿐만 아니라 그대의 말을 듣는 이들도
구원할 것입니다.

신자들을 대하는 자세

나이 많은 남자에게는 나무라지 말고
아버지를 대하듯이 권고하고
젊은 남자는 형제처럼
나이 많은 여자는 어머니처럼
젊은 여자는 누이처럼
오로지 순결한 마음으로 대하십시오.

과부들에 대한 지침

의지할 데 없는 과부들을 잘 돌보아 주어야 하는데
어떤 과부에게 자녀나 손자들이 있으면
그들이 먼저 가정에 헌신하고
어버이에게 보답하는 법을 배우도록 해 주십시오.

이것이 하느님을 기쁘시게 해 드리는 일입니다.
아무도 돌보는 이 없는 외로운 과부는
오로지 하느님께 희망을 두고
밤낮으로 끊임없이 간구와 기도를 드립니다.

자기 욕심대로 사는 과부는
살아 있어도 죽은 몸이니
그들을 타일러 비난받지 않는 사람이 되게 하십시오.

어떤 사람이 자기 친척 특히 가족을 돌보지 않으면
그는 믿음을 저버린 자로
믿지 않는 사람보다 더 나쁩니다.
과부 명단에 오를 수 있는 이는 예순 살 이상으로

한 남편의 충실한 아내였고 좋은 평판을 받고 있으며
자녀들을 기르며 나그네를 대접하고
성도들의 발을 씻어주며
어려움을 겪는 이들을 도와주며
선행을 한 사람이어야 합니다.

젊은 과부는 제외하십시오.
정욕이 일어 그리스도에게서 멀어지면 혼인하고 싶어지니
처음의 서약을 깨뜨리게 되어 심판을 받게 되기 때문입니다.
동시에 그들은 빈둥거리며 이집 저집 돌아다니고
수다나 떨고 남의 일에 참견하게 될 것이니
나는 젊은 과부들이 재혼하여 자녀를 낳고
집안을 꾸려 나가
적대자들에게 우리를 헐뜯는 기회를 주지 않기를
바랍니다.

어떤 젊은 과부들은 이미 돌아다니며
사탄을 따르고 있습니다.
어떤 여신자의 집안에 과부들이 있으면
교회가 짐을 지지 않도록 그 여자가 그들을 도와주어야
교회는 과부로서 홀로 남은 이들을
도와 줄 수 있을 것입니다.

원로들에 대한 지침

지도자 직무를 잘 수행하는 원로들,
특히 말씀을 전하고 가르치는 일에 수고하는 이들은
갑절의 존경을 받아 마땅합니다.

성경에서
"타작 일을 하는 소에게 부리망을 씌우지 말라.",
또 "일꾼이 자기 품삯을 받는 것은 마땅하다."고
말하고 있으니
두 사람이나 세 사람의 증인이 없으면
원로에 대한 고발을 받아들이지 마십시오.

죄를 짓는 사람들을 모든 사람 앞에서 징계하여
다른 사람들까지도 두려움을 갖게 하십시오.
하느님과 예수님과 천사들 앞에서 그대에게 명하니
그대는 선입견 없이 이 모든 것을 지키고
어떤 일이든 불공평하게 하지 않도록 유념하십시오.

아무에게나 선뜻 안수하지 말고

남의 죄에 연루되지 말며
자신을 결백하게 지켜 가십시오.
이제부터는 물만 마시지 말고
그대의 위장이나 잦은 병을 생각하여
포도주도 좀 마시도록 하십시오.

어떤 사람의 죄는 명백하여 재판 전에 드러나고
어떤 이들의 죄는 재판 때에야 드러나니
이와 마찬가지로 착한 행실도 드러나게 마련이며
그렇지 않은 경우라도 계속 숨겨져 있을 수는 없습니다.

종들에 관한 지침

종살이의 멍에를 메고 있는 이들은 누구나
자기 주인을 모든 면에서 존경해야 할 사람으로
여겨야 하니
그래야 하느님의 이름과 우리의 가르침이
모욕당하지 않습니다.

그리스도를 믿는 주인을 섬기는 사람들은
주인이 형제라고 해서 소홀히 여기지 말고
더욱 잘 섬겨야 하니
그렇게 하여 덕을 보는 사람들이
사랑받는 신자들이기 때문입니다.

이단과 탐욕에 대한 경고

그대는 이러한 것들을 가르치고 권고하십시오.
누구든지 다른 교리를 가르치고
우리 주 예수님의 말씀과 신심에 맞는 가르침을
따르지 않으면
그는 교만으로 눈이 멀어 아무 것도 알아보지 못할
뿐만 아니라
논쟁과 설전에만 병적인 열정을 쏟습니다.

그런 데서 질투, 싸움, 악담, 못된 의심이 생기며
정신이 썩고 진리에서 돌아서고 끊임없는 논쟁이 벌어지니
그들은 자기들의 신심을 이득의 수단으로
생각하는 자들입니다.

물론 자족할 줄 알면 신심은 큰 이득입니다.
우리는 이 세상에 아무것도 가지고 오지 않았으며
이 세상에서 아무것도 가지고 갈 수 없으며
먹을 것과 입을 것이 있으면 우리는 그것으로 만족합시다.

부자가 되기를 바라는 자들은
사람들을 몰락과 파멸로 빠뜨리는
유혹과 올가미와 어리석고 해로운 여러 가지 욕망에
떨어지니
돈에 대한 욕심이 모든 악의 뿌리이기 때문으로
어떤 이들은 돈을 쫓다가 믿음에서 멀어져
많은 고통을 겪습니다.

믿음을 위한 싸움

하느님의 사람이여,
그대는 이러한 것들을 피하고
의로움과 경건, 믿음과 사랑, 인내와 온유를 추구하며
믿음을 위하여 훌륭히 싸워 영원한 생명을
차지하십시오.

그대는 많은 증인 앞에서 훌륭하게 신앙을 고백하여
영원한 생명으로 부르심을 받은 것입니다.
만물에게 생명을 주시는 하느님,
그리고 본시오 빌라도 앞에서 훌륭하게 신앙을 고백하신
예수님 앞에서 그대에게 명합니다.

우리 주 예수 그리스도께서 나타나실 때까지
이 계명을 흠 없고 나무랄 데 없이 잘 지키십시오.
정해진 때에 이것을 보여 주실 분은
복되신 오직 한 분의 주권자,
왕들의 왕, 주인들의 주인입니다.

그분만이 불사불멸하시고
가까이 할 수 없는 빛 속에 사십니다.
어느 인간도 그분을 보지 못했고 볼 수도 없습니다.
영예와 영원한 권능이 있기를 빕니다. 아멘.

(1 티모 6, 17-21)

부자들에 관한 지침과 마지막 권고와 인사

현세의 부자들에게는 오만해지지 말라고 권고하며
안전하지 못한 재물에 희망을 두지 말고
오히려 우리에게 모든 것을 풍성히 주시어
그것을 누리게 하시는 하느님께 희망을 두라고 하십시오.

선을 행하고 선행으로 부요해지며
아낌없이 베풀고 기꺼이 나누어주는 사람이 되어
자기 미래를 위하여 훌륭한 기초가 되는 보물을 쌓아
참 생명을 차지하도록 권고하십시오.

티모테오여!
그대가 맡은 것을 잘 지키고
사이비 지식의 속된 망언과 반론들을 멀리하십시오.
어떤 사람들은 그러한 지식을 받아들여 믿음에서
빗나갔으니
은총이 그대와 함께 있기를 빕니다.

티모테오에게 보낸
둘째 서간

인사, 그리고 감사와 격려

그리스도 예수님으로 말미암은
생명의 약속을 선포하기 위해
하느님의 뜻으로 사도가 된 바오로가
사랑하는 아들 티모테오에게 인사합니다.

하느님 아버지와 우리 주 예수님께로부터
은총과 자비와 평화가 내리기를 빕니다.
나는 밤낮으로 기도할 때마다 그대를 기억하면서
내가 조상들과 마찬가지로 깨끗한 양심으로 섬기는
하느님께 감사를 드립니다.

나는 그대가 눈물을 흘리던 일을 기억하면서
그대를 다시 볼 수 있기를 간절히 바라니
그렇게 된다면 기쁨으로 가득 찰 것입니다.
나는 그대 안에 있는 진실한 믿음을 기억하니
먼저 그대의 할머니 로이스와 어머니 에우니케 안에
깃들어 있던 믿음이
그대 안에도 깃들어 있다고 확신합니다.

그런 까닭에 나는 그대에게 상기시키니
내 안수로 그대가 받은 하느님의 은사를 불태우십시오.

하느님께서는 우리에게 비겁함의 영을 주시지 않고
힘과 사랑과 절제의 영을 주셨으니
그대는 우리 주님을 위하여 그분의 증인이 된 것이나
내가 주님을 위하여 수인이 된 것을 부끄러워하지 말고
하느님의 힘에 의지하여
복음을 위한 고난에 동참하십시오.

하느님께서는 우리를 구원해 주시고 우리를 부르셔서
당신의 거룩한 백성으로 삼아주셨으니
이것은 우리의 공로로 말미암은 것이 아니라
하느님의 계획과 은총에 따른 것입니다.

이 은총은 창조 이전에 그리스도 예수님 안에서
이미 우리에게 주신 것인데
이제 그리스도께서 나타나시어 환히 드러났습니다.

그분은 죽음을 없애시고 복음으로 생명과 불멸을
빛내셨나니

나는 이 복음을 위하여
선포자와 사도와 스승으로 임명받았고
그런 까닭에 이 고난을 겪고 있지만
부끄러워하지 않습니다.

나는 내가 믿어 온 분을 잘 알고 있으며
그분은 내가 맡은 것을
그날까지 지켜주실 것을 확신합니다.

그리스도 예수님 안에서 주어지는 믿음과 사랑으로
나에게 들은 건전한 말씀을 본보기로 삼고
우리 안에 머무시는 성령의 도움으로
그대가 맡은 그 훌륭한 것을 잘 지키십시오.

바오로의 반대자와 협력자

그대도 알다시피
피겔로스와 헤르모게네스를 포함하여
아시아에 사는 모든 사람이 나를 저버렸습니다.

주님께서 오네시포로스 집안에 자비를 베푸시기를 비니
그는 여러 번 나에게 생기를 불어넣었고
내가 사슬에 매인 것을 부끄러워하지 않고
오히려 로마에 와서 열심히 나를 찾아 만나 주었습니다.

주님께서 그날에 그가 자비를 얻게 해 주시기를 빕니다.
에페소에서 그가 얼마나 많은 봉사를 했는지는
그대가 더 잘 알고 있습니다.

그리스도의 훌륭한 군사

내 아들이여,
그대는 예수님 안에서 주어지는 은총으로 굳세어지십시오.
많은 증인들 앞에서 그대가 나에게 들은 것을
남을 가르칠 자격이 있는 믿음직한 사람들에게
맡기십시오.

그리스도 예수님의 훌륭한 군인답게 고난에 동참하십시오.
병역에 복무하는 이가 그를 뽑은 사령관의 마음에 들려면
개인의 일상사에 얽매여서는 안 되며
경기하는 사람은 규칙대로 하지 않으면
월계관을 얻지 못하며
수고하는 농부가 소출의 첫 몫을 받는 것은 당연하니
내가 하는 말을 잘 생각해 보십시오.

주님께서는 모든 것을 깨닫는 능력을 그대에게 주실 것이니
예수 그리스도를 기억하십시오.
그분은 다윗의 후손으로 죽은 이들 가운데에서

되살아나셨으니
이것이 나의 복음입니다.

이 복음을 위하여
나는 죄인처럼 감옥에 갇히는 고통까지 겪지만
하느님의 말씀은 감옥에 갇혀 있지 않으니
나는 선택된 이들을 위하여 이 모든 것을 견디어 냅니다.

그들도 그리스도 예수님 안에서 받는 구원을
영광과 함께 얻게 하려는 것이니
이 말은 확실합니다.
우리가 그분과 함께 죽었다면 그분과 함께 살 것이고
우리가 견디어 내면 그분과 함께 다스리리라.

우리가 그분을 모른다고 하면
그분도 우리를 모른다고 하시리라.
우리는 진실하지 못하더라도
그분은 한결같이 진실하시니
그분은 자신을 배반할 수 없는 분이십니다.

인정받는 일꾼

이 모든 것을 신자들에게 상기시키며
말다툼하지 말라고 하느님 앞에서 엄숙히 경고하십시오.
그런 것은 아무런 이득 없이 듣는 이들에게 해를 끼치니
그대는 인정받는 사람이며 진리의 말씀을 전하는 일꾼으로
하느님 앞에 설 수 있도록 힘쓰십시오.

속되고 허튼 소리를 피하십시오.
그것은 사람을 점점 더 불경에 빠지게 하니
그들의 말은 악성 종양처럼 사방을 파먹고 들어갑니다.
그들 가운데 히메내오스와 필레토스가 있으니
이들은 진리에서 벗어나 부활이 이미 일어났다고 말하며
몇몇 사람의 믿음을 망쳐 놓고 있습니다.

하느님의 기초는 튼튼하게 서 있으니
거기에는 "주님께서는 당신의 사람들을 아신다" 또
"주님의 이름을 고백하는 이는 불의를 멀리해야 한다"는
말씀이 봉인처럼 새겨져 있습니다.

큰 집에는 금그릇과 은그릇뿐만 아니라
나무그릇과 질그릇도 있어
어떤 것은 귀하게 쓰이고 어떤 것은 천하게 쓰이니
누가 스스로 이것들로부터 깨끗하게 되면
그는 귀하고 거룩하게 되어 주인에게 쓸모 있는 그릇,
온갖 좋은 일에 쓰이도록 갖추어진 그릇이 될 것입니다.

그대는 청춘의 욕망을 피하고
깨끗한 마음으로 주님께 의탁하는 이와 함께
의로움과 믿음과 사랑과 평화를 추구하십시오.
어리석고 몰상식한 시비를 멀리하십시오.

그대가 알다시피
그것은 싸움을 일으킬 뿐이니
주님의 종은 싸워서는 안 되며
모든 이를 온유하게 대하고
가르칠 줄 알며
역경도 견디어낼 줄 아는 사람이라야 합니다.

반대하는 이를 온화하게 지도해야 하니
하느님께서 그들이 진리를 깨닫도록 회개시키시어

악마의 뜻을 행하도록 사로잡혀 있던

그 올무에서 벗어나

그들이 다시 정신을 차릴 수 있을지도 모릅니다.

마지막 때의 타락상

그대는 이것을 알아 두십시오.
마지막 때에 힘든 시기가 닥쳐 올 것이니
사람들은 자신과 돈만 사랑하고 허풍을 떨며 오만하며
남을 중상하고 부모에게 순종하지 않으며
감사할 줄 모르고 하느님을 무시하며
비정하고 매정하며 남을 험담하고 절제할 줄 모르며
난폭하고 선을 미워하고 배신하며 무모하고 교만하며
하느님보다 쾌락을 더 사랑하면서
겉으로는 경건한 체하면서 경건의 힘을 부정할 것이니
이런 자들을 멀리하십시오.

그들 가운데에는 이 집 저 집에 몰래 들어가
갖가지 욕정에 이끌려
죄에 빠져 있는 어리석은 여자들을
사로잡는 자들이 있으니
그 여자들은 배운다고 하지만
결코 진리에 이르지 못합니다.

얀네스와 얌브레스가 모세에게 대항한 것처럼
저들도 진리에 대항하고 있으니
저들은 정신이 썩고 믿음의 낙오자가 된 사람들입니다.
저들은 더 이상 앞으로 나아가지 못할 것이니
얀네스와 얌브레스가 그러하였듯이
저들의 어리석음도 모든 이에게 드러날 것이기
때문입니다.

마지막 지시

그대는 나의 가르침과 처신, 계획과 믿음, 관용과 사랑과
인내를 따르고
내가 안티오키아와 이코니온과 리스트라에서 당한
박해와 고난을 겪었으니
그대는 내가 얼마나 큰 박해를 겪어 왔는지를
잘 알고 있습니다.

그렇지만 주님께서는 이 모든 것에서
나를 구해주셨습니다.
그리스도 예수님 안에서 경건하게 살려는 이는
모두 박해를 받을 것이니
악한 사람들과 협잡꾼들은 속이고 속으며
점점 더 악으로 나갈 것이지만
그대는 그대가 배워서 확실히 믿는 것을 잘 지키십시오.

그대는 누구에게서 배웠는지 잘 알고 있고
어려서부터 성경을 알고 있으니

성경은 그리스도 예수님에 대한 믿음을 통하여
구원을 얻는 지혜를 그대에게 줄 수 있습니다.

성경은 모두 하느님의 영감으로 쓰인 것으로
가르치고 꾸짖고 바로잡고 의롭게 살도록 교육하는 데
유익하니
하느님의 사람이 온갖 선행을 할 능력을 갖춘 사람이
되게 해 줍니다.

티모테오가 당할 어려움과
바오로의 임박한 죽음

하느님 앞에서
또 산 이와 죽은 이를 심판하실 그리스도 예수님 앞에서
그분의 나타나심과 다스리심을 두고 나는 그대에게 명하니
말씀을 선포하십시오.

기회가 좋든지 나쁘든지 꿋꿋이 계속 하십시오.
끈기로 사람들을 가르치면서
타이르고 꾸짖고 격려하십시오.
사람들이 가르침을 더 이상 받아들이지 않을 때가
올 것이니
호기심에 찬 그들은 자기들 욕망에 따라
교사들을 모을 것이며
진리에서 귀를 돌리고 꾸민 이야기들 쪽으로
돌아설 것입니다.

그대는 어떤 경우에도 정신을 차리고 고난을 견디어 내며
복음 선포자의 일을 하여 그대의 직무를 완수하십시오.

나는 이미 하느님께 올리는 포도주로 바쳐지고 있으니
내가 이 세상을 떠날 때가 다가온 것입니다.

나는 훌륭히 싸웠고 달릴 길을 다 달렸고 믿음을 지켰으니
이제는 의로움의 월계관이 나를 위해 마련되어 있을 것이며
의로운 심판관인 주님께서 그날에 그것을 내게 주실 것이며
그분께서 나타나시기를 기다린 모든 사람에게 주실 것입
니다.

개인적인 부탁

그대는 서둘러 나에게 빨리 오십시오.
데마스는 현세를 사랑하여 나를 버리고 테살로니카로 가고
크레스켄스는 갈라티아로, 티토는 달마티아로 갔으며
루카만이 나와 함께 있습니다.

마르코는 내 직무에 요긴한 사람이니 함께 데리고 오십시오.
티키코스는 내가 에페소로 보냈습니다.
올 때 내가 트로아스에 있는 카르포스의 집에 두고 온
외투와 책들, 특히 양피지 책들을 가져오십시오.
구리 세공장이 알렉산드로스가 내게 해를 많이 입혔으니
주님께서 그의 행실대로 그에게 갚으실 것이니
그대도 그를 조심하십시오.

그는 우리의 말에 너무나 반대했기 때문입니다.
나의 첫 변론 때에 아무도 나의 편을 들지 않았고
오히려 모두 다 나를 저버렸으니
주님께서 그들에게 불리하게 셈을 하지 않으시기를
바랍니다.

주님께서는 내 곁에 계셨고 나를 굳세게 해 주셨으니
나를 통하여 복음 선포가 완수되고
모든 민족들이 그것을 듣게 하시려는 것이었습니다.

나는 사자의 입에서 구출되었으며
주님께서는 나를 모든 악행에서 건져내시고
하늘에 있는 당신 나라에 들어갈 수 있게
구원해 주실 것이니
그분께 영광이 영원무궁하기를 빕니다. 아멘.

끝인사

프리스카와 아퀼라와 오네시포로스 집안에
안부를 전해 주십시오.
에라스토스는 코린토에 머무르고 있으며
트로피모스는 병이 나서
내가 밀레토스에 남겨 두었습니다.

겨울이 되기 전에 서둘러 오십시오.
에우불로스와 푸덴스와 리노스와 클라우디아와
그 밖의 모든 형제가 그대에게 문안드립니다.

주님께서 그대의 영과 함께 계시기를 빌며
은총이 여러분과 함께 하기를 빕니다.

9장

티토에게 보낸
서간

인사

나 바오로는 하느님의 종이며 예수 그리스도의 사도로서
부르심을 받은 것은 하느님께 선택된 이들의 믿음을 돕고
신앙에 따른 진리를 깨우쳐 주기 위한 것으로서
영원한 생명의 희망에 의거한 것이며 이 생명은
거짓이 없으신 하느님께서 영원으로부터 약속하신
것입니다.

하느님께서 제때에 복음선포를 통해
당신 말씀을 드러내셨으니
나는 하느님의 명령에 따라 이 선포의 임무를 맡았습니다.
나는 같은 믿음에 따라 착실한 아들이 된 티토에게
인사하니
하느님 아버지과 예수님에게서 은총과 평화가 내리기를
빕니다.

교회 지도자의 자격

내가 그대를 크레타에 남게 한 것은 그대에게 지시한 대로
남은 일들을 정리하고 고을마다 원로들을 임명하라는
것이었으니
원로는 흠잡을 데가 없어야 하고
한 아내의 충실한 남편이며
자녀들도 신자이고 방탕하다는 비난을 받지 않아야 하며
순종하는 사람이어야 합니다.

감독자는 하느님의 관리인으로서 흠잡을 데가 없어야 하며
거만하지 않고 쉽사리 화를 내지 않는 사람이어야 하며
술꾼이나 난폭한 사람이나 탐욕스러운 사람이 아니라
손님 대접을 잘하고 선을 사랑하고 신중하고
의롭고 거룩하고
자제력이 있으며 말씀을 굳게 지키는 사람이어야 합니다.

그래야 그가 건전한 가르침으로 남을 격려할 수 있고
반대자들을 꾸짖을 수도 있습니다.
순종하지 않고 쓸데없는 말을 하며 남을 속이는 자들이

특히 할례 받은 자들 가운데 많으니
그들이 입을 다물도록 만들어야 합니다.

그들은 더러운 이익을 얻기 위하여 가르쳐서는 안 될 것
을 가르쳐 가정을 온통 뒤흔들어 놓고 있으며 한 사람이
이렇게 말한 적이 있으니
"크레타 사람들은 언제나 거짓말쟁이, 고약한 짐승,
게으른 먹보들이다."
이 말을 한 사람은 바로 그들의 예언자라는 사람으로
이 증언은 옳습니다.
그들을 엄하게 책망하여 그들이 건전한 믿음을 지니도록
해 주십시오.

유다인의 신화나 진리를 저버린 이의 계명에 귀 기울이지
않게 하십시오.
깨끗한 사람에게는 모든 것이 다 깨끗하지만
더러워진 자들과 믿지 않는 자들에게는 깨끗한 것이
하나도 없습니다.
사실 그들은 정신도 양심도 다 더러워졌으니
그들은 하느님을 안다고 주장하지만 행동으로는 그분을
부정하며 혐오스럽고 순종하지 않으며 어떠한 선행에도
적합하지 않은 자들입니다.

여러 부류의 사람들에 관한 지시

그대가 가르치는 것은 건전한 가르침에 부합해야 하니
나이 많은 남자들은 절제할 줄 알고 기품이 있고 신중하며
건실한 믿음과 사랑과 인내를 지녀야 합니다.

나이 많은 여자들도 마찬가지로 몸가짐에 기품이 있으며
남을 험담하지 않고 술의 노예가 되지 않으며
선을 가르치는 사람이어야 합니다.

그래야 그들이 젊은 여자들을 훈련시켜
남편을 사랑하고 자녀를 사랑하며 신중하고 순결하며
집안 살림을 잘하고 어질고 남편에게 순종하게 하여
하느님의 말씀이 모독을 받지 않도록 할 수 있습니다.

젊은 남자에게도 마찬가지로 신중히 행동하라고 권고하며
그대 자신을 모든 면에서 선행의 모범으로 보여주십시오.
가르칠 때는 고결하고 품위 있게 하고 건전한 말을 하여
적대자가 우리를 흠잡을 데가 없어

부끄러움을 당하게 하십시오.

종들에게도 권고하여 어떠한 일이나 주인에게 복종하고
주인 마음에 들도록 하며 말대꾸를 하거나 훔치지 말고
늘 온전한 성실성을 보여
우리 구원자이신 하느님의 가르침을 빛내게 하십시오.

모든 사람을 위한 하느님의 은총

과연 모든 사람을 구원하는 하느님의 은총이 나타났으니
이 은총은 우리를 교육하여 불경함과 속된 욕망을 버리고
현세에서 절도 있고 의롭고 경건하게 살게 해 줍니다.
복된 희망이 이루어져 우리 구원자이신 예수 그리스도의
영광이 나타나서 우리를 그렇게 살도록 해 줍니다.

그리스도께서는 우리를 위하여 당신 자신을 내어 주시어
우리를 모든 불의에서 해방시키고 또 깨끗하게 하시어
선행에 열성을 기울이는 당신 백성이 되게 하셨습니다.

그대는 단호한 자세로
이러한 것들을 말하고 권고하고 천명하십시오.
아무도 그대를 업신여기지 못하게 하십시오.

다른 사람들에 대한 태도

통치자들과 집권자들에게 복종하고 순종하며
모든 선행을 할 준비를 갖추도록
신자들을 깨우쳐주십시오.
남을 중상하지 말고 온순하고 관대한 사람이 되어
모든 이를 아주 온유하게 대하십시오.

우리도 전에는 어리석고 반항하고 그릇된 길로 빠졌으며
갖가지 욕정과 향락에 빠지고 악습과 질투를 일삼으며
밉살스럽게 굴고 서로 미워하였습니다.

우리 구원자이신 하느님의 자애와 인간애가 드러난 그때
하느님께서 우리를 구원해 주셨으니
우리가 한 의로운 일 때문이 아니라 당신 자비에 따라
성령을 통하여 새로워지도록 물로 씻어
구원하신 것입니다.

하느님께서는 예수님을 통해 이 성령을 우리에게 주셨으니

우리는 그분의 은총으로 의롭게 되어
우리가 바라는 대로 영원한 생명의 상속자가 되었습니다.
이것은 틀림없는 말로서
그대는 이런 점들을 강조하여 하느님을 믿게 된 사람들이
선행을 하는데 전념하도록 가르치기를 바랍니다.

선행은 사람들에게 좋고 유익한 것입니다.
어리석은 논쟁과 족보 시비와 분쟁과 율법 논란을
피하십시오.
그러한 것들은 무익하고 부질없는 짓들이니
이단자는 한두 번 경고한 다음에 관계를 끊으십시오.
그대도 알다시피 이러한 자는 탈선하여 죄를 지으면서
자기 자신을 단죄하고 있는 것입니다.

(티토 3, 12-15)

부탁과 인사

내가 아르테마스나 티키코스를 그대에게 보내거든
서둘러 니코폴리스로 나를 찾아오십시오.
나는 거기서 겨울을 지내기로 작정하였습니다.

그대는 법률가 제나스와 아폴로에게
여행 준비를 해 주고
그들에게 부족한 것이 없도록 도움을 주십시오.
우리 신자들도 선행에 전념하는 것을 배워
남에게 절실히 필요한 것을 도와 줄 수 있어야 합니다.

그래야 그들의 삶이 보람되게 느끼게 될 것입니다.
나와 함께 있는 사람들이 모두 그대에게 인사합니다.
믿음 안에서 우리를 사랑하는 이들에게 문안을 드리십시오.
은총이 여러분 모두와 함께 하기를 빕니다.

10장

필레몬에게 보낸 서간

인사와 필레몬의 믿음과 사랑

그리스도 예수님 때문에
수인이 된 나 바오로와 티모테오가
사랑하는 우리의 협력자 필레몬에게
그리고 아피아 자매와 우리의 전우 아르키포스,
또 그대의 집에 모이는 교회에 문안합니다.

하느님 우리 아버지와 주 예수 그리스도에게서
은총과 평화가 그대들에게 내리기를 빕니다.
나는 기도할 때마다 그대를 기억하며
늘 하느님께 감사를 드립니다.

주 예수님과 모든 성도를 향한 그대의 사랑과 믿음을
내가 전해 듣기 때문입니다.
우리 안에 있으면서 우리를 그리스도께 이끌어 주는
모든 선을 깨달아 더욱 활발한 믿음에 동참하기를 비니

형제여,
나는 그대의 사랑으로 큰 기쁨과 격려를 받았으며
그대 덕분에 성도들이 마음의 생기를 얻었기 때문입니다.

오네시모스에 대한 부탁과 끝인사

나는 그리스도 안에서 큰 확신을 가지고
그대가 마땅히 해야 할 일을 명령할 수도 있지만
사랑 때문에 오히려 부탁하려고 합니다.

나는 늙은 데다 예수님 때문에 수인까지 된 몸으로
내가 옥중에서 얻은 내 아들 오네시모스의 일로
그대에게 부탁하는 것입니다.

그가 전에는 그대에게 쓸모없는 사람이었지만
그대에게도 나에게도 쓸모 있는 사람이 되었으니
나는 내 심장과 같은 그를 그대에게 돌려보냅니다.

그를 내 곁에 두어
복음 때문에 내가 감옥에 갇혀 있는 동안
그대 대신에 나를 시중들게 할 생각도 있었지만
그대의 승낙 없이는 아무것도 하고 싶지 않았으니
그대의 선행이 자의로 이루어지게 하려는 것입니다.

그가 잠시 그대에게서 떨어져 있던 것은 아마도
그를 영원히 돌려받기 위한 것이었는지도 모릅니다.
이제 그대는 그를 더 이상 종이 아니라 종 이상으로,
곧 사랑하는 형제로 돌려받게 되었습니다.

그가 나에게 특별히 사랑받는 형제라면,
그대에게는 인간적으로 보나 주님 안에서 보나
더욱 그렇지 않습니까?

그대가 나를 동지로 여긴다면
나처럼 그를 맞아들여 주고
그가 그대에게 손실을 입혔거나 빚을 진 것이 있다면
내 앞으로 계산하십시오.
나 바오로가 이 말을 직접 쓰니 내가 갚겠습니다.

나에게 빚을 진 덕분에
지금의 그대가 있다는 것을
말하려는 것이 아니니
형제여,
나는 주님 안에서 그대의 덕을 보려고 합니다.
그리스도 안에서 내 마음이 생기를 얻게 해 주십시오.

나는 그대의 순종을 확신하며 이 글을 씁니다.

내가 말하는 것 이상으로 그대가 해 주리라 것을 아니
나를 위하여 손님방 하나를 마련해 주십시오.
그대의 기도 덕분에 내가 그대에게 가게 되기를 빕니다.

그리스도 예수님 때문에
나와 함께 갇혀 있는 에파프라스,
나의 협력자들인 마르코와 아리스타르코스와 데마스와
루카가 그대에게 문안드립니다.
주 예수 그리스도의 은총이 그대의 영과 함께 하기를
빕니다.

11장

히브리인들에게
보낸 서간

(히브 1, 1-4)

하느님께서 아드님을 통하여 말씀하시다

하느님께서 예전에는 예언자들을 통하여
여러 번 여러 가지 모양으로 조상들에게 말씀하셨지만
마지막 때에는 아드님을 통해 우리에게 말씀하셨습니다.

하느님께서는 아드님을 만물의 상속자로 삼으셨고
또한 그분을 통하여 온 세상을 만드셨으니
아드님은 그분 영광을 드러내는 찬란한 빛이시며
하느님의 본질을 그대로 간직하신 분으로서
만물을 당신 능력의 말씀으로 보존하시는 분이십니다.

그분은 인간의 죄를 깨끗하게 씻어주셨고
지극히 높은 곳에 계신 전능하신 분 오른쪽에 앉으시어
천사의 칭호보다 높은 아들이라는 칭호를 받으심으로써
천사들보다 더 높으신 분이 되셨습니다.

천사들보다 위대하신 아드님

하느님께서 어느 천사에게
"너는 내 아들, 내가 오늘 너를 낳았노라."고 하거나
"나는 그의 아버지가 되고 그는 나의 아들이 되리라."고
하신 적이 있습니까?

아드님을 세상에 보내실 때에는
"모든 천사들은 그에게 경배하여라."고 말씀하십니다.
천사들에 관해서는
"그분은 당신 천사들을 바람으로 삼으시고
당신의 시종들을 불꽃으로 삼으셨다."라는 말씀이 있고
아드님에 관해서는 이런 말씀이 있습니다.

"오, 하느님! 당신의 왕좌는 영원무궁하며
당신의 왕홀은 공정의 홀입니다.
당신은 정의를 사랑하시고 불의를 미워하셨으니
하느님, 당신의 하느님은 당신의 동료들을 제쳐 놓고
기쁨의 기름으로 당신을 바르셨습니다."

또 이런 말씀이 있습니다.

"주님, 당신은 태초에 땅을 세우셨으며

하늘도 당신 작품이니

그것들은 사라져도 당신께서는 그대로 계시나이다.

만물은 옷처럼 낡아질 것이며

당신은 그것들을 망토처럼 말아 치우시고

그것들은 옷처럼 변할지라도

당신은 한결같으시고 당신의 햇수는 끝이 없을 것입니다."

그분이 천사들 가운데 누구에게

"내가 네 원수들을 네 발의 발판으로 삼을 때까지

내 오른편에 앉아 있어라."고 말씀하신 적이 있습니까?

천사들은 모두 하느님을 시중드는 영으로서

구원을 상속받게 될 이들에게 봉사하도록

파견되는 이들이 아닙니까?

고귀한 구원

우리는 우리가 들은 것을 더욱 더 명심하여
바른 길에서 벗어나지 않도록 해야 하겠으니
천사들을 시켜서 하신 말씀도 효력이 있어서
그것을 어기거나 따르지 않는 자들은 모두 벌을 받았는데
우리가 이토록 값진 구원의 말씀을 소홀히 한다면
어떻게 벌을 피할 수 있겠습니까?

이 구원의 말씀은 처음 주님께서 선포하신 것이며
그 말씀을 들은 이들이 우리에게 확증해 주었으니
하느님께서도 표징과 이적과 여러 가지 기적을 통하여
또한 당신의 뜻을 따라 성령을 선물로 나누어 주심으로써
그들의 증언을 뒷받침해 주셨습니다.

구원의 영도자

하느님께서는 우리가 말하고 있는 장차 올 세상을
천사들의 지배 아래 두신 것이 아니었습니다.
어떤 이가 어디에선가 이렇게 증언하였습니다.

"인간이 무엇이기에 주님께서 그를 잊지 않으시며
사람의 아들이 무엇이기에 주님께서 돌보십니까?
주님은 그를 잠시 천사들보다 낮추셨으나
영광과 존귀의 관을 씌워 주시고
만물을 그의 발아래 두셨습니다."

하느님께서는 이렇게 만물을 그의 지배 아래 두시면서
그 아래 들지 않는 것은 하나도 남겨 놓지 않으셨지만
우리가 보기에
만물이 아직 그의 지배 아래 들지 않았습니다.

"천사들보다 잠깐 낮아지셨다가"
죽음의 고난을 통하여
"영광과 존귀의 관을 쓰신" 예수님을

우리가 보고 있습니다.
이렇게 그분께서는 하느님 은총으로
모든 사람을 위하여 죽음을 겪으셔야 했습니다.

만물은 하느님을 위하여 또 그분을 통하여 존재하니
하느님께서는 많은 자녀들이 영광에 참여하도록 하시면서
구원의 영도자를 고난으로 완전하게 하신 것은
당연하였습니다.

사람들을 거룩하게 해 주시는 분이시나
거룩하게 되는 사람들이나
모두 한 분에게서 나왔으니
예수님께서는 그들을 형제라고 부르기를
부끄러워하지 않고
"제가 당신의 이름을 제 형제들에게 선포하며
모임 가운데서 당신을 찬미하오리다."고 말씀하셨으며
"저는 그분을 신뢰하리라." 하셨으며
"저와 하느님이 제게 주신 자녀들이 여기 있나이다."고
하셨습니다.

자녀들이 피와 살을 나누었듯이

예수님께서는 그들과 함께 피와 살을 나누셨으니
죽음의 권능을 쥔 자
곧 악마를 당신의 죽음으로 파멸시키시고
죽음의 공포 때문에
한평생 종살이에 매여 있는 이들을 풀어주셨습니다.

그분께서는 분명 천사들을 돌보시는 것이 아니라
아브라함의 후손들을 돌보시니
그분께서는 모든 점에서
형제들과 같아지셔야 하셨습니다.
하여 자비롭고 진실한 대사제로서 하느님을 섬길 수 있었고
백성의 죄를 속량하실 수 있었습니다.

그분은 친히 유혹을 받으시고 고난을 당하셨기 때문에
유혹을 받는 모든 사람을 도와주실 수 있습니다.

모세보다 위대하신 예수님

하느님의 부르심을 함께 받은 거룩한 형제 여러분,
우리 신앙 고백의 대사제이신 예수님을 생각해 보십시오.

모세가 하느님의 온 집안을 충실히 맡고 있었듯이
예수님께서도 당신을 세우신 분께 충실하셨습니다.
예수님께서는 모세보다 더 큰 영광을 누릴 자격이 있으니
집보다는 그 집을 지은 이가 더 큰 영광을 받기 마련이며
어느 집이든지 그 집을 지은 사람이 있는데
만물을 지으신 분은 하느님이십니다.

모세는 하느님께서 장차 말씀하시려는 것을 증언하려고
종으로서 그분의 온 집안을 충실히 맡고 있었지만
그리스도께서는 아드님으로서 충실하신 분이십니다.

우리가 그분의 집안이니
우리의 희망에 대하여 확신과 긍지를 굳게 지니는 한
그렇습니다.

(히브 3, 7-19)

하느님께서 주시는 안식 1

성령께서 말씀하시는 그대로입니다.
"오늘 너희가 그분의 목소리를 듣게 되거든
광야에서 시험 받던 때에 반역하였던 것처럼
너희 마음을 완고하게 가지지 말라.

거기에서 너희 조상들은 사십 년 동안이나
내가 한 일을 보고서도 나를 떠보며 시험하였으니
나는 그 세대에게 화가 나 말하였다.

'언제나 마음이 빗나간 자들,
그들은 내 길을 깨닫지 못하였다.'
나는 분노하며 맹세하였으니
그들은 내 안식처에 들어가지 못하리라."

형제 여러분,
그대들 가운데에는 믿지 않는 악한 마음을 품고서
살아 계신 하느님을 저버리는 사람이 없도록
조심하십시오.

성서에서 '오늘'이라고 한 말은
우리에게도 해당하는 말이니 날마다 서로 격려해서
아무도 죄의 속임수에 넘어가
완고해지는 사람이 없도록 하십시오.

우리가 처음의 확신을 끝까지 지켜 나가면
그리스도와 함께 상속자가 될 수 있습니다.
성서에도 이런 말씀이 있습니다.
"오늘 너희가 그분의 목소리를 듣거든
반항하던 때처럼
너희 마음을 완고하게 가지지 마라."

사실 듣고도 반항하던 자들은 누구였습니까?
모세의 인도를 받아 이집트에서 빠져나온 그 사람들이
아닙니까?
하느님께서는 40년 동안 누구에게 화가 나셨습니까?
죄를 짓고 시체가 되어 광야에서 쓰러진 그 사람들이
아닙니까?
그분은 누구에게 안식처에 들어가지 못하리라고
맹세하셨습니까?
순종하지 않은 그 사람들이 아닙니까?
과연 그들은 불신 때문에 안식처에 들어가지 못하였습니다.

하느님께서 주시는 안식 2

하느님께서 당신 안식처에 들어가게 해 주시리라는
약속이 유효하니
그대들 가운데 그 기회를 놓쳤다고 생각하는
사람이 없어야 합니다.
그들이나 우리나 마찬가지로 기쁜 소식을 들은 것입니다.

그들이 들은 그 말씀이 그들에게 아무런 소용이 없었으니
그 말씀을 듣고도 그것을 믿지 않았기 때문이었지만
믿음을 지닌 우리는 그분의 안식처로 들어갑니다.

"그리하여 나는 분노하며 맹세하였다.
그들은 내 안식처에 들어가지 못하리라."고
하느님께서 말씀하신 그대로입니다.

안식처는 물론 하느님께서 만드신 것들은
세상 창조 때부터 이미 다 이루어져 있었으니
일곱 째 날에 관하여 어디에선가 이렇게 말하였습니다.

"하느님께서는 하시던 일을 모두 마치시고
이렛날에 쉬셨다."
다시 한 번 말하지만
"그들은 내 안식처에 들어가지 못하리라."고 하셨는데
과연 그들은 먼저 그 기쁜 소식을 듣고도
순종하지 않은 탓으로 그 안식을 누리지 못하였습니다.

그러나 어떤 이들이 그곳에 들어갈 기회가 아직 있으니
하느님께서는 다시 '오늘'이라는 날을 정하시고
오랜 세월이 지난 뒤에 앞서 인용한 대로 다윗을 시켜
"오늘 너희가 그분의 목소리를 듣게 되거든
마음을 완고하게 가지지 말라."고 말씀하신 것입니다.

여호수아가 그들을 안식처로 이끌었다면
하느님께서 후에 다른 날에 관하여
말씀하지 않으셨을 것이니
하느님의 백성에게는 아직도 참 안식이
그대로 남아 있습니다.

하느님께서 하시던 일을 마치시고 쉬신 것처럼
그분 안식처에 들어가는 이도

하던 일을 마치고 쉬는 것이니
그와 같은 불순종의 본을 따르다가
떨어져 나가는 일이 없게
우리 모두 저 안식처에 들어가도록 힘씁시다.

하느님의 말씀은 살아 있고 힘이 있으며
어떤 쌍날칼보다 더 날카로워
사람의 마음을 꿰뚫어 영혼과 정신을 갈라놓고
관절과 골수를 쪼개어 마음의 생각과 속셈을 가려냅니다.

하느님 앞에서는 어떤 피조물도 감추어져 있을 수 없고
그분 눈앞에서는 모든 것이 벌거숭이로 드러나 있으니
이러한 하느님께 우리는 셈을 해드려야 하는 것입니다.

위대한 대사제이신 예수님

우리에게는 하늘로 올라가신 위대한 대사제가 계시니
그분은 바로 하느님의 아들 예수님이십니다.
우리가 고백하는 신앙을 굳게 지켜 나갑시다.

그분은 연약한 우리의 사정을 몰라주시는 분이 아니라
우리와 똑같이 유혹을 받으셨지만 죄는 짓지 않으셨으니
용기를 내어 하느님의 은총의 옥좌로 가까이 나가갑시다.
그러면 우리는 하느님의 자비와 은총을 받아서
필요한 때에 도움을 받게 될 것입니다.

모든 대사제는 사람들 가운데서 뽑혀 사람들을 위하여
하느님을 섬기는 일을 맡은 사람이니
곧 속죄를 위해서 예물과 희생제물을 바치는 것입니다.

그는 자기도 연약한 인간이므로
무지하거나 유혹에 빠진 사람을 너그러이 대할 수 있지만
연약한 탓에 백성의 죄뿐만 아니라
자기 죄 때문에도 제물을 바쳐야 합니다.

이 영예로운 직무는 스스로 얻는 것이 아니라
아론처럼 하느님의 부르심을 받아서 얻는 것이니
그리스도께서도 대사제의 영광을
스스로 차지한 것이 아니라
"너는 내 아들, 내가 오늘 너를 낳았노라."고
말씀하신 분께서 그렇게 해 주신 것입니다.

또 다른 곳에서 말씀하신 그대로이니
"너는 멜키체덱과 같이 영원한 사제다."
예수님께서는 인간으로 이 세상에 계실 때에
당신을 죽음에서 구하실 수 있는 분께 큰 소리로 부르짖고
눈물을 흘리며 기도와 탄원을 올리셨고
하느님께서 그 경외심을 보시고
그 간구를 들어주셨습니다.

그분께서는 아드님이시지만
고난을 통해 순종을 배우셨으니
완전하게 되신 후에 당신께 순종하는 모든 이에게
영원한 구원의 원천이 되셨으며
하느님에게서 멜키체덱과 같은 대사제로 임명되셨습니다.

성숙한 신앙생활

이것에 관해서는 우리가 하고 싶은 말이 많지만
그대들이 알아듣는 데 둔해졌기 때문에
설명하기가 어려우니
시간으로 보면 그대들은 벌써 교사가 되었어야 할 터인데
아직 하느님 말씀의 초보적인 원리를
다시 남에게서 배워야 할 필요가 있습니다.

그대들은 단단한 음식이 아니라
젖이 필요한 사람이 되었으며
젖을 먹는 사람은 모두 아기이므로
옳고 그른 것을 분별할 능력이 없습니다.

그러나 성숙해지면 단단한 음식을 먹게 되니
성숙한 사람은 훈련을 받아서
좋고 나쁜 것을 분별하는 훈련된 지각을 가지고 있습니다.
그러므로 우리는 그리스도교의 초보적인 교리를 넘어서
성숙한 경지로 나아갑시다.

하느님께서 허락하시면
우리는 성숙한 경지로 나아갈 수 있으며
죽음에 이르는 행실을 버리고 돌아서는 일,
하느님을 믿는 일,
세례와 안수, 죽은 자들의 부활과 영원한 심판과 같은
기초적인 교리를 다시 배우는 일은 없도록 합시다.

한 번 빛을 받아 하늘의 선물을 맛보고 성령을 받은
사람들이
또 하느님의 선한 말씀과 앞으로 올 세상의 힘을 맛본
사람들이
이제 배반하고 떨어져 나간다면
하느님의 아드님을 다시 십자가에 못 박고 욕보이는 것이니
그런 사람들을 다시 새롭게 회개하도록
만들 수가 없습니다.

땅이 내리는 비를 받아
농사꾼에게 유익한 농작물을 내주면
하느님께서는 그 땅을 축복하실 터이지만
가시나무와 엉겅퀴를 내게 되면 그것은 아무 쓸모가 없어서
저주를 받아 마침내 불에 타버리고 말 것입니다.

사랑하는 형제 여러분,
우리가 이렇게 말하지만
그대들은 더 좋은 구원의 축복을 받고 있음을
우리가 확신합니다.
하느님은 불의한 분이 아니시므로
그대들이 성도들에게 봉사하였고 지금도 봉사하면서
당신의 이름을 위하여 보여준 행위와 사랑을
잊지 않으십니다.

그대들의 희망이 실현되도록 끝까지
같은 열성을 다하기를 바라니
그리하여 게으른 사람이 되지 말고
약속된 것을 믿음과 인내로 상속받는 이들을 본받는
사람이 되십시오.

하느님의 확실한 약속

하느님께서는 아브라함에게 약속하실 때
당신보다 더 위대한 분이 없었으므로
당신 자신을 두고 맹세하시며
"나는 반드시 너를 넘치게 축복하고
너를 크게 번성하게 해 주겠다."고
말씀하셨으니
아브라함은 끈기 있게 기다린 끝에 약속된 것을
받았습니다.

사람들은 자기보다 더 위대한 이를 두고 맹세하며
그 맹세는 모든 논쟁을 그치게 하는 보증이 되니
하느님께서 약속하신 것을 상속받을 이들에게
당신의 뜻이 변하지 않았음을 보여 주시려고
맹세로 보장해 주셨습니다.

하느님은 거짓말을 하실 수 없는 분이시므로
그분의 약속과 맹세는 변하지 않으니

그 하느님을 피난처로 삼은 우리는 큰 용기를 얻어
우리 앞에 놓인 희망을 굳게 붙잡을 수 있습니다.

이 희망은 닻과 같아서
우리 영혼을 안전하고 든든하게 보호해 주며
하늘 성전의 지성소까지 들어가게 해 주니
예수님께서는 멜키체덱과 같은 영원한 대사제가 되시어
우리를 위하여 선구자로 그곳에 들어가셨습니다.

멜키체덱의 사제직

이 멜키체덱은 살렘 임금이며
지극히 높으신 하느님의 사제로서
여러 임금을 무찌르고 돌아오는 아브라함을 만나
축복하였으며
아브라함은 모든 것의 십분의 일을
그에게 나누어 주었습니다.

첫째로 멜키체덱이라는 이름은 정의의 임금이라는
뜻이고
그 다음 살렘의 임금, 곧 평화의 임금이라는 뜻이니
그는 아버지도, 어머니도,
족보도, 생애의 시작도, 끝도 없는 이로서
하느님의 아들을 닮아 언제까지나 사제로 남아 있습니다.

그가 얼마나 위대한 분인지를 생각해 보십시오.
선조 아브라함도 전리품의 십분의 일을 그에게 바쳤으니
레위 자손 가운데서 사제직을 맡는 이들에게는

율법에 따라
백성에게서 십일조를 거두는 규정이 있습니다.

멜키체덱은 레위 가문에 속하지 않으면서도
아브라함에게서 십분의 일을 받았고
하느님의 약속을 받은 아브라함을 축복해 주었습니다.

두말할 것 없이
축복이란 윗사람이 아랫사람에게 해 주는 것이니
사제들도 십분의 일을 받고
멜키체덱도 십분의 일을 받았지만
사제들은 언젠가는 죽을 사람이고
멜키체덱은 성서가 증언하는 바와 같이
영원히 살아 있습니다.

말하자면 십분의 일을 받은 레위 가문까지도
아브라함의 손을 거쳐
멜키체덱에게 십분의 일을 바친 셈이니
멜키체덱이 아브라함을 맞았을 때에 레위 가문이
조상 아브라함의 몸속에 있었기 때문입니다.

멜키체덱과 같은 대사제

백성은 레위의 사제직을 바탕으로 율법을 받았는데
만일 그 사제직으로 완전성에 이를 수 있었다면
아론과 같은 사제를 임명하지 않고
멜키체덱과 같은 다른 사제를 세울 필요가
어디 있었겠습니까?

사제직이 변하면 율법에도 반드시 변화가 생기기 마련이니
여기에서 말하는 분은 다른 지파에 속한 분으로서
그 지파에서는 아무도 제단에서 직무를 수행한 적이 없고
우리의 주님께서 유다 지파에서 나오신 것은 분명합니다.

모세가 이 지파를 사제직과 관련시켜 말한 적은
전혀 없으니
멜키체덱과 닮은 다른 사제께서 나오시면서
더욱 분명해지니
그분께서는 육적인 혈통과 관련된 율법 규정이 아니라
불멸하는 생명의 힘에 따라 사제가 되셨습니다.

"너는 멜키체덱과 같이 영원한 사제다." 하고
성경이 증언하니
예전의 규정은 무력하고 무익하기 때문에 폐지되었으니
사실 율법은 아무 것도 완전하게 하지 못하였지만
우리에게는 더 나은 희망이 주어져
우리는 그것을 통하여 하느님께 다가갑니다.

그분은 맹세 없이 사제가 되신 것이 아닙니다.
그들은 맹세 없이 사제가 되었지만
그분께서는 "주님께서 맹세하시고 뉘우치지 않으십니다.
'너는 영원한 사제다.'"라고 하였듯이
그분께 말씀하신 분의 맹세로 사제가 되셨습니다.

예수님께서는 더 나은 계약을 보증해 주시는 분이 되셨으니
다른 사제들은 죽음으로 직무를 계속할 수 없어
수가 많아졌으나
그분께서는 영원히 사시기 때문에
영구한 사제직을 지니십니다.

따라서 그분께서는 당신을 통하여
하느님께 나아가는 사람들을

언제나 구원하실 수 있으며
그분께서는 늘 살아 계시어 그들을 위하여 빌어 주십니다.

사실 우리는 이와 같은 대사제가 필요하였으니
거룩하시고 순수하시고 순결하시고
죄인들과 떨어져 계시며
하늘보다 더 높으신 분이 되신 대사제이십니다.

그분께서는 다른 대사제들처럼
날마다 먼저 자기 죄 때문에 제물을 바치고
그다음으로 백성의 죄 때문에
제물을 바칠 필요가 없으십니다.

당신 자신을 바치실 때에
이 일을 단 한 번에 다 이루신 것이니
율법은 약점을 지닌 사람들을 대사제로 세우지만
율법 다음에 이루어진 맹세의 그 말씀은
영원히 완전하게 되신 아드님을 대사제로 세웁니다.

새 계약의 대사제

지금 하는 말의 요점은
우리에게 이와 같은 대사제가 계시니
곧 하늘에 계신 존엄하신 분의 옥좌 오른편에 앉으시어
사람이 아니라 주님께서 세우신
성소와 참된 성막에서 직무를 수행하시는 분이십니다.

모든 대사제는 예물과 제물을 바치도록 임명된 사람이니
대사제도 무엇인가 바칠 것이 있어야 하는데
만일 그분이 땅위에 계시다면
사제가 되지 못하실 것입니다.

율법에 따라 예물을 바치는 사제들이 있기 때문입니다.
모세가 성막을 세우려고 할 때에 지시 받은 대로
그들은 하늘에 있는 성소의 모상이며
그림자에 지나지 않는 성소에서 봉직합니다.

하느님께서 "보라, 내가 이 산에서 너에게 보여 준
모형에 따라

모든 것을 만들어라." 하고 말씀하신 것이지만
이제 그리스도께서는 더 훌륭한 직무를 맡으셨으니
더 나은 약속을 바탕으로 세워진 계약의 중개자이시기
때문입니다.

그 첫째 계약에 결함이 없었다면
다른 계약을 찾을 까닭이 없겠지만
하느님께서는 그들의 결함을 꾸짖으시며
이렇게 말씀하시니
"보라, 그날이 온다.
– 주님께서 말씀하신다 –

그때에 나는 이스라엘과 유다 집안과 새 계약을 맺으리라.
그것은 내가 그 조상들의 손을 잡고
이집트 땅에서 이끌고 나올 때에
그들과 맺었던 계약과 다르다.
그들이 내 계약을 지키지 않아
나도 그들을 돌보지 않았다.
– 주님께서 말씀하신다. –

나는 그들의 생각 속에 내 법을 넣어주고

마음에 그 법을 새겨 주리라.

그리하여 나는 그들의 하느님이 되고 그들은 나의 백성이
되리라.

그때에는 아무도 자기 이웃에게, 아무도 제 형제에게
'주님을 알아라.' 하고 가르치지 않으리라.

그들이 낮은 사람부터 높은 사람까지
모두 나를 알게 될 것이다.

나는 그들의 불의를 너그럽게 보아주고
죄를 기억하지 않으리라.'"

하느님께서는 '새 계약'이라는 말씀을 하심으로써
첫째 계약을 낡은 것으로 만드셨으니
낡고 오래된 것은 곧 사라집니다.

옛 계약의 제사

첫째 계약에도 예배 법규가 있었고
지상 성소가 있었습니다.
첫째 성막이 세워져 그 안에 등잔대와 상과 빵이
놓여 있었는데
그곳을 '성소'라고 합니다.

둘째 휘장 뒤에는 '지성소'라고 하는 성막이 있었는데
거기에는 금으로 된 분향 제단과 금으로 입힌
계약 궤가 있었고
그 속에는 만나가 든 금 항아리와 싹이 돋은
아론의 지팡이와
계약의 판들이 들어 있었습니다.

궤 위에는 영광의 커룹들이 속죄판을 덮고 있었지만
지금은 이런 것들을 자세히 말할 때가 아닙니다.
사제들은 첫째 성막으로 들어가 예배를 집전하며
둘째 성막에는 대사제만 일 년에 단 한 번 들어가는데

그때에는 반드시 자기와 백성이 모르고 지은
죄 때문에 바치는 피를 가지고 들어갑니다.

이로써 첫째 성막이 서 있는 동안에는
아직 성소로 들어가는 길이 드러나지 않았음을
성령께서 알려 주시는 것입니다.

이는 현시대를 가르키는 상징이니
예물과 제물을 바치기는 하지만
그것들이 예배하는 이의 양심을 완전하게 해 주지
못합니다.

먹는 것과 마시는 것과 몸을 씻는 여러 예식과 관련될
뿐으로
이 모든 것은 새 질서의 시대가 시작될 때까지만 부과된
외적인 법규일 따름입니다.

새 계약의 제사

그리스도께서 이미 이루어진 좋은 것들을 주관하는
대사제로 오셨으니
그분께서는 사람 손으로 만들지 않은
이 피조물에 속하지 않는 더 훌륭하고 완전한 성막으로
들어가셨습니다.

염소나 송아지의 피가 아니라 당신의 피를 가지고
단 한 번 성소에 들어가시어 영원한 해방을 얻으셨습니다.

염소와 황소의 피, 암송아지의 재를 더러워진 사람에게
뿌려 그 육체를 깨끗하게 하고 거룩하게 한다면
영원한 영을 통하여 흠 없는 자신을
하느님께 바치신 그리스도의 피는
우리의 양심을 죽음의 행실에서 얼마나 더 깨끗하게 하여
살아 계신 하느님을 섬기게 할 수 있겠습니까?

그리스도께서는 새 계약의 중재자이시니
그분은 첫째 계약 아래에서의 범죄를 속량하고자

죽으심으로써
부르심을 받은 사람들이 영원한 상속의 약속을
얻게 하셨습니다.

유언이 있는 곳에서는 유언자의 죽음이 확인되어야 하니
유언은 사람이 죽었을 때에야 유효한 것으로
유언자가 살아 있을 때에는 효력이 없습니다.

첫째 계약도 피 없이 시작된 것이 아니니
모세는 율법에 따라 온 백성에게
모든 계명을 선포하고 나서
물과 주홍 양털과 우슬초와 함께 송아지와 염소의 피를
가져다가 계약의 책과 온 백성에게 뿌리며
"이는 하느님께서 너희에게 명령하신 계약의 피다."고 말
하였습니다.

성막과 의식에 쓰이는 모든 기물에도
같은 방식으로 피를 뿌렸으니
율법에 따르면 거의 모든 것이 피로 깨끗해지고
피를 쏟지 않고서는 죄의 용서가 이루어지지 않습니다.

하늘에 있는 것들을 본뜬 모상들은
이러한 의식으로 깨끗하게 할 필요가 있었지만
하늘의 것들은 그보다 나은 제물이 필요하였습니다.

그리스도께서는 참 성소의 모조품에 불과한
손으로 만든 성소가 아니라
하늘 그 자체에 들어가신 것이니
대사제가 해마다 다른 피를 가지고 성소에 들어가듯이
당신 자신을 여러 번 바치려고 들어가신 것이 아닙니다.

만일 그렇다면 창조 때부터
여러 번 고난을 받으셔야 했을 것이지만
그분께서는 마지막 시대에 당신 자신을 제물로 바쳐 죄를
없애시려고 단 한 번 나타나셨습니다.

사람은 단 한 번 죽게 마련이고 그 뒤에 심판이 이어지듯이
그리스도께서는 많은 사람의 죄를 짊어지시려고
단 한 번 당신 자신을 바치셨습니다.

그리고 당신을 고대하는 이들을 구원하시려고
죄와는 상관없이 두 번째로 나타나실 것입니다.

유일한 희생 제사의 효과

율법은 장차 일어날 좋은 것들의 그림자일 뿐
사물의 실체의 모습이 아니기 때문에
해마다 그들이 계속해 바치는 같은 제사를 통해서는
하느님께 나아가는 이들을 완전하게 할 수 없습니다.

만일 완전하게 할 수 있다면
그들은 제사 드리기를 중단하지 않았겠습니까?
예배하는 사람들이 단번에 깨끗하게 되어
더 이상 죄의식을 갖지 않을 것이기 때문입니다.

그러나 이들 제사에서는 해마다 죄를 기억하는데
그것은 황소나 염소의 피가 죄를 없앨 수 없기 때문이니
그분은 세상에 오실 때에 이렇게 말씀하셨습니다.

"당신께서는 제물과 예물을 원하지 않으시고
오히려 저에게 몸을 마련해 주셨습니다.
당신께서는 번제물과 속죄 제물을 기꺼워하지 않으셨으니
제가 아뢰었습니다.

'보십시오, 하느님!
두루마리에 저에 관한 기록대로 저는 당신 뜻을 이루러
왔습니다.'"

그분은 먼저 "제물과 예물을, 또 번제물과 속죄 제물을
당신께서는 원하지도 기꺼워하지도 않으셨습니다."고
말씀하시는데
이것들은 율법에 따라 바치는 것입니다.

그다음에는
"보십시오, 저는 당신 뜻을 이루러 왔나이다."고 하시니
두 번째 것을 세우시려고 그분께서 첫 번째 것을 치우신
것으로
이 "뜻"에 따라 예수 그리스도의 몸이 단 한 번
바쳐짐으로써 우리가 거룩하게 되었습니다.

모든 사제는 날마다 서서 같은 제물을 거듭 바치며
직무를 수행하지만
그러한 것들은 결코 죄를 없애지 못하지만
그리스도께서는 죄를 없애시려고
한 번 제물을 바치시고 나서

영구히 하느님의 오른편에 앉으셨습니다.

이제 그분께서는 당신의 원수들이 당신 발의 발판으로 삼으실 때까지
기다리고 계시니
한 번의 예물로 거룩해지는 이들을 영구히 완전하게
해 주신 것입니다.
성령께서도 우리에게 증언해 주시니
먼저 이렇게 말씀하셨기 때문입니다.

"그 날 후에 내가 그들과 맺을 계약은 이러하다.
– 주님께서 말씀하신다. –
나는 나의 법을 그들의 마음에 넣어주고
그것을 그들의 생각에 새겨 넣으리라."

그리고 이렇게 덧붙이셨으니
"나는 그들의 죄와 그들의 불의를 더 이상 기억하지
않으리라."
이러한 것들이 용서된 곳에서는
더 이상 죄 때문에 바치는 예물이 필요 없습니다.

충실한 신앙생활

형제 여러분,
우리는 예수님의 피 덕분에
성소에 들어간다는 확신을 지니고
그분은 휘장을 관통하는 새로운 살 길을
우리에게 열어주셨으니
곧 당신의 몸을 통하여 그렇게 해 주셨습니다.

우리에게는
하느님의 집을 다스리시는 위대한 사제가 계시니
우리 마음에
그리스도의 피가 뿌려져서 나쁜 마음이 없어지고
우리 몸은 맑은 물로 씻겨 깨끗해졌으니
이제 진실한 마음과 확고한 믿음을 가지고
하느님께 나아갑시다.

우리에게 약속을 해 주신 분은 진실한 분이시니
우리가 고백하는 그 희망을 굳게 간직하고

서로 격려해서 사랑과 좋은 일을 하도록
주의를 기울입시다.
어떤 사람들이 습관적으로 하듯이
우리 모임을 소홀히 하지 말고 서로 격려합시다.

그대들이 보다시피 그날이 가까이 오고 있으니
더욱 그렇게 합시다.
우리가 가르침을 받아 진리를 깨닫고도
짐짓 죄를 짓는다면
다시는 우리 죄를 용서받기 위해 드릴 수 있는 제물이 없고
심판과 적대자들을 삼켜버릴 맹렬한 불을 기다리는 길
밖에 없습니다.

모세의 율법을 무시한 자도 두 세 증인이 있으면
가차 없이 처형되거늘
아드님을 짓밟고 자기를 거룩하게 해 준
계약의 피를 더럽히고
은총의 성령을 모독한 자가 받을 벌이야 얼마나 더
가혹하겠습니까?

"원수 갚는 일은 내가 할 일, 내가 갚아 주리라." 하시고

또 "주님께서 당신 백성을 심판하시리라." 하고 말씀하시니
살아 계신 하느님의 손에 떨어지는 것은
얼마나 무서운 일입니까?

그대들은 처음에 빛을 받고 나서
많은 고난의 도전을 받으면서도
견디어 내던 시절을 생각해 보십시오.
어떤 때에는 공공연한 모욕과 환난을 당하기도 하고
어떤 때는 그런 처지에 있는 이들에게
친구가 되어 주기도 했습니다.

그대들은 또한 감옥에 갇힌 이들과 고통을 함께 나누었고
재산을 다 빼앗기는 일도 기쁘게 받아들였으니
더 좋고 더 영구한 재산을 가지고 있다는 것을
알고 있었기 때문입니다.
그러니 그대들의 그 확신을 버리지 마십시오.

그것은 큰 상을 가져다주니
그대들이 하느님의 뜻을 이루어 약속된 것을 얻으려면
인내가 필요합니다.

"조금만 더 있으면
오실 이가 오리라. 지체 없이 나타나리라.
나를 믿는 올바른 사람은 믿음으로 살리라.
뒤로 물러서는 자는 내 마음이 기꺼워하지 않는다."

우리는 뒤로 물러나 멸망할 사람이 아니라
믿음을 지녀서 생명을 얻을 사람입니다.

믿음 1

믿음은 우리가 바라는 것을 보증해 주고
알 수 없는 것들을 확증해 주니
옛 사람들도 이 믿음으로 하느님의 인정을 받았습니다.

우리는 믿음이 있으므로
세상이 하느님의 말씀으로 창조되었음을
보이는 것이 보이지 않는 것에서 나왔음을 깨닫습니다.

아벨은 믿음으로 카인보다 더 나은 제물을
하느님께 바쳤으니
그 믿음을 보신 하느님께서는 그의 예물을 기꺼이 받으시고
그를 올바른 사람으로 인정해 주셨으니
그는 죽었지만 믿음 덕분에 여전히 말을 하고 있습니다.

에녹은 믿음으로 하늘로 옮겨져서
죽음을 맛보지 않았습니다.
하느님께서 그를 데려가셨기 때문에

아무도 그를 볼 수 없지만
하느님께서 데려가시기 전부터
그가 하느님을 기쁘게 해 드렸으니
믿음이 없이는 하느님을 기쁘게 해 드릴 수 없습니다.

하느님께 나아가는 사람은
그분께서 계시다는 것과
그분께서 당신을 찾는 이들에게 상을 주신다는 것을
믿어야 합니다.

노아는 믿음이 있었으므로
아직 보이지 않는 일에 관한 지시를 받고
경건한 마음으로 방주를 마련하여
자기 집안을 구하였습니다.
그 믿음으로 하느님과의 올바른 관계를 차지하게 되었고
믿지 않은 세상은 단죄를 받았습니다.

믿음 2

아브라함도 믿음이 있었기 때문에 하느님께서 그를 불러
장차 그의 몫으로 물려주실 땅을 향하여 떠나라고 하실 때
그대로 순종하였으니
그는 자기가 가는 곳이 어떤 곳인지도 모르고
떠났던 것입니다.

그는 믿음이 있었기 때문에 약속의 땅에서도
같은 약속을 물려받은
이사악과 야곱과 함께 천막을 치고
나그네나 다름없는 생활을 하며 머물러 살았습니다.

하느님께서 설계자이시며 건축가로서
튼튼한 기초 위에 세워 주실 도시를 바라며
살았던 것입니다.
사라도 나이가 많은데다가 아이를 가질 수 없는
사람이었지만
믿음이 있었기 때문에 아이를 가질 능력을 받았습니다.

사라는 약속해 주신 분을 진실한 분으로 믿었던 것입니다.
하여 죽은 것이나 다름없는 늙은 아브라함 한 사람에게서
하늘의 별처럼, 바닷가의 모래처럼 수많은 후손이
태어났습니다.

그들은 모두 믿음으로 살다가 죽었고
약속받은 것을 얻지는 못했지만
그것을 멀리서 바라보고 기뻐했으며
이 지상에서는 자기들이 타향사람이며 나그네라는 것을
인정했으니
자기들이 찾고 있는 고향이 따로 있다는 것을 분명히
드러냈습니다.

만일 그들이 떠나 온 곳을 고향으로 생각했다면
돌아갈 기회가 있었을 것이지만
실제로 그들이 갈망한 곳은 하늘에 있는 더 나은
고향이었습니다.

하느님께서는 그들의 하느님이라고 불리는 것을
부끄러워하지 않으시고
그들에게 도성을 마련해 주셨습니다.

믿음 3

아브라함은 믿음이 있었기 때문에 하느님께서 시험하시려고
이사악을 바치라는 명령에 기꺼이 바쳤습니다.
약속을 받은 아브라함이 외아들을 기꺼이 바치기로
하였습니다.

그 외아들을 두고 하느님께서 일찍이
"이사악을 통하여 너희 후손이 퍼져 나가리라."고
약속하였지만
아브라함은 하느님께서 죽은 사람들까지
살리신다고 믿었으니
그리하여 이사악을 하나의 상징으로 돌려받은 것입니다.

이사악은 믿음으로 야곱과 에사오의 장래를
축복해 주었으며
야곱도 죽을 때에 믿음으로 요셉의 아들들을 축복해 주고
지팡이에 기대어 하느님께 경배를 드렸습니다.

요셉도 죽을 때 믿음으로
이스라엘 자손들이 이스라엘의 탈출을 언급하면서
자기 유골을 어떻게 할 것인지를 일러 주었습니다.

모세가 태어났을 때에 그 부모는 믿음으로
아기를 석 달 동안이나 감추어 두었으니
그들이 보기에 아기가 잘 생겼기 때문에
그들은 임금의 명령도 두려워하지 않았습니다.

모세는 어른이 되었을 때 믿음으로
파라오 딸의 아들이라고 불리는 것을 거부하였으니
죄의 일시적인 향락보다 백성과 함께 학대받는 길을
택하였습니다.

그는 그리스도를 위하여 받는 모욕을
이집트의 보물보다 더 큰 재산으로 여겼으니
앞으로 받을 상을 내다보고 있었던 것입니다.

그는 믿음으로
임금의 분노도 무서워하지 않고 이집트를 떠났으니
보이지 않으시는 분을

보고 있는 사람처럼 굳건히 견디어 냈습니다.

모세는 믿음으로 파스카 축제를 지내고 피를 뿌려
맏아들과 맏배의 파괴자가 그들을 건드리지 못하게
하였으니
믿음으로써 그들은 홍해를 마른 땅처럼 건넜지만
이집트인들은 그렇게 하려다가 물에 빠져 죽었습니다.

믿음 4

이스라엘 사람들이 믿음으로
예리고 성을 이레 동안 돌자 그 성은 드디어 무너지고
말았고
창녀 라합은 믿음으로 정탐꾼을 자기편처럼 도와주어
하느님을 거역하는 자들이 당하는 멸망을 당하지
않았습니다.
내가 무슨 말을 더 하겠습니까?

기드온, 바락, 삼손, 입타, 다윗과 사무엘,
그리고 예언자들에 대해 이야기하려고
시간이 모자랄 것입니다.

그들은 믿음으로
여러 나라를 정복하였고 정의를 실천하였으며
약속된 것을 얻었고 사자들의 입을 막았으며
맹렬한 불을 껐고 칼날을 벗어났으며 약하였지만 강해졌고
전쟁 때에 용맹한 전사가 되었으며

외국 군대를 물리쳤습니다.

어떤 여인들은 죽었다가 다시 살아서 돌아오는
식구들을 만났고
어떤 이들은 더 나은 부활을 누리려고
석방도 받아들이지 않은 채 고문을 당하였습니다.

또 어떤 이들은 조롱과 채찍질을 당하고
결박과 투옥을 당했으며 돌에 맞아 죽기도 하고
톱으로 잘리기도 하고 칼에 맞아 죽기도 했습니다.

그들은 양과 염소의 가죽을 몸에 두르고 돌아다녔으며
가난과 고난과 학대를 겪기도 했으니
이런 사람들에게는 이 세상이 가치 없는 곳이었기에
그들은 광야와 산과 동굴과 땅굴을 헤매고 다녔습니다.

이들은 모두 믿음으로 인정을 받기는 하였지만
약속된 것을 얻지는 못하였습니다.
하느님께서 우리를 위하여 더 좋은 것을 내다보셨기 때문에
우리 없이 그들만 완전하게 될 수가 없었던 것입니다.

시련과 인내

많은 증인들이 우리를 구름처럼 둘러싸고 있습니다.
우리도 온갖 짐과 우리를 얽어매는 죄를 벗어버리고
우리가 달려야 할 길을 꾸준히 달려갑시다.

우리의 믿음의 근원이시며 완성자이신
예수님을 바라봅시다.
그분은 장차 누릴 기쁨을 생각하며
부끄러움도 아랑곳하지 않으시고 십자가를 견디어 내시어
하느님의 옥좌 오른편에 앉으셨습니다.

죄인들의 적대행위를 견디어 내신 분을 생각해 보십시오.
그러면 낙심하여 지치는 일이 없을 것입니다.
그대들은 죄에 맞서 싸우면서
피를 흘리며 죽는 데까지는 아직 이르지는 않았습니다.

하느님께서 자녀로 대하시며 격려하신 말씀을
잊었습니까?
"아들아, 너는 주님의 견책을 가볍게 여기지 말고

그분께 책망을 받아도 낙심하지 마라.
주님께서는 사랑하시는 이를 견책하시고
아들로 여기시는 자에게 매를 드신다."

하느님께서 그대들을 견책하신다면
그것은 그대들을 자녀로 대하시는 것이니
잘 참아내십시오.
자기 아들을 견책하지 않는 아버지가 어디 있겠습니까?
자녀는 누구나 다 아버지의 견책을 받기 마련입니다.

그대들이 견책을 받지 못한다면
그대들은 사생아이지 자녀가 아닙니다.
우리에게는 우리를 견책하시는 육신의 아버지가 계셨고
우리는 그러한 아버지를 공경하였습니다.

그렇다면 영적 아버지께는 더욱 순종하여
그 결과로 생명을 얻어야 하지 않겠습니까?

육신의 아버지들은 자기 판단대로 우리를 견책하지만
하느님께서는 우리에게 유익하도록 견책하시어
우리가 당신의 거룩함에 동참할 수 있게 해 주십니다.

모든 견책이 당장에는 즐겁기보다는 괴로운 것이지만
이러한 견책으로 단련된 사람은
마침내 평화의 열매를 얻어 올바르게 살아가게 됩니다.

그러므로 맥풀린 손과 힘 빠진 무릎을 바로 세워
바른 길을 달려가십시오.
그리하여 절름거리는 다리가 접질리지 않고
오히려 낫게 하십시오.

하느님의 은총과 부르심에 합당한 생활 1

모든 사람과 평화롭게 지내고 거룩하게 살도록
힘쓰십시오.
거룩해지지 않고서는 아무도 주님을 뵙지 못할 것입니다.
그대들은 아무도 하느님의 은총을 놓치지 않도록 조심하고
쓴 열매를 맺는 뿌리가 하나라도 솟아나 혼란을 일으켜
그것 때문에 많은 사람이 더럽혀지지 않도록 조심하십시오.

음식 한 그릇에 맏아들 권리를 팔아넘긴 에사우처럼
불륜을 저지르거나 속된 자가 되지 않도록 하십시오.
그대들도 알다시피 에사우는 나중에 아버지의 축복을
상속받기를 원하였지만 거절당하였고 눈물을 흘리며
축복을 받으려고 했지만 회심의 기회를 찾지 못하였습니다.

그대들이 와 있는 곳은 옛날 이스라엘 사람들이 갔던
그 시나이 산은 아닙니다.
만져 볼 수 있고 불이 타오르고 짙은 어둠과 폭풍이 일며
또 나팔이 울리고 말소리가 들리는 곳이 아닙니다.

그때 그 음성을 들은 사람들은 하느님께
더 이상 말씀이 내리지 않게 해 달라고 빌지 않았습니까?

"짐승이라도 산을 건드리면 돌에 맞아 죽으리라."라는
경고를 견디어 낼 수가 없었던 것입니다.
그 광경이 얼마나 무서웠던지,
모세는 "나는 두렵다."하며 몸을 떨었습니다.

그러나 그대들이 나아간 곳은
시온 산이고 살아 계신 하느님의 도성이며
천상 예루살렘입니다.
무수한 천사들의 축제 집회와
하늘에 등록된 아들들의 모임이 이루어지는 곳이며

모든 사람의 심판자 하느님께서 계시고
완전하게 된 의인들의 영이 있으며
새 계약의 중재자 예수님께서 계시며
그분께서 뿌리신 피,
곧 아벨의 피보다 더 큰 힘을 발휘하는
그분 속죄의 피가 있는 곳입니다.

하느님의 은총과 부르심에 합당한 생활 2

그대들에게 말씀하시는 분을
거역하지 않도록 조심하십시오.
이 세상에서 하느님의 말씀을 선포하는 이를
거역하는 자도 형벌을 면하지 못하는데
하물며 하늘에서 말씀하시는 분을 뿌리친다면
우리가 그 형벌을 어떻게 면할 수 있겠습니까?

그때에는 그분의 음성이 땅을 뒤흔들었지만,
이제는 "내가 한 번 더 땅만이 아니라 하늘까지 뒤흔들리
라."라고 약속하셨습니다.

'한 번 더'라는 말은 피조물들이 치워져
흔들리지 않는 것들만 남는다는 사실을 가리킵니다.
우리는 흔들리지 않는 나라를 받으려 하고 있으니
감사드립시다.
감사와 함께 존경과 경외로 하느님 마음에 드는
예배를 드립시다.
우리 하느님은 다 태워 버리시는 불이십니다.

참된 공동체 1

형제적 사랑이 그대들 가운데 머물도록 하십시오.
손님 접대를 소홀히 하지 마십시오.

어떤 이들은 손님 접대를 하다가 모르고
천사들을 대접하였습니다.
감옥에 갇힌 이들을 그대들도 함께 갇힌 것처럼
기억해 주고
학대받는 이들을 자신이 몸으로 겪는 것처럼
기억해 주십시오.

혼인은 모든 사람에게서 존중되어야 하고
부부의 잠자리는 더럽혀지지 말아야 하니
불륜과 간음하는 자를 하느님께서는 심판하실 것입니다.
돈을 멀리하는 습관을 기르고 지니고 있는 것으로
만족하십시오.

그분께서는
"나는 너를 떠나지 않겠고 버리지도 않겠다."고

말씀하셨습니다.

우리는 확신을 가지고 이렇게 말할 수 있습니다.
"주님께서 나를 돕는 분이시니 나는 두려워하지 않으리라.
사람이 나에게 무엇을 할 수 있으랴?"

하느님의 말씀을 일러 준 그대들의 지도자들을 기억하시고
그들이 어떻게 살고 죽었는지 살피고 그 믿음을
본받으십시오.
예수 그리스도는 어제도 오늘도 또 영원히 같은
분이십니다.
갖가지 이상한 가르침에 끌려가지 마십시오.

음식에 관한 규정을 지키는 것보다
은총으로 마음을 굳세게 하는 것이 더 좋으니
그 규정에 따라 살아간 이들이 이득을 본 일이 없습니다.

참된 공동체 2

우리에게는 제단이 있는데
성막에 봉직하는 이들은 이 제단의 음식을 먹을
권리가 없습니다.
대사제는 짐승들의 피를 속죄 제물로
성소 안에 가져가지만
그 짐승들의 몸은 진영 밖에서 태웁니다.

예수님께서도 당신의 피로 백성들을 거룩하게 하시려고
성문 밖에서 고난을 받으셨습니다.
진영 밖으로 그분께 나아가
그분의 치욕을 함께 짊어집시다.

사실 땅위에는 우리를 위한 영원한 도성이 없습니다.
우리는 앞으로 올 도성을 찾고 있습니다.
예수님을 통하여 언제나 하느님께 찬양 제물을 바칩시다.

그것은 그분의 이름을 찬미하는 입술의 열매이니
선행과 나눔을 소홀히 하지 마십시오.

이러한 것들이 하느님의 마음에 드는 제물입니다.
지도자들의 말을 듣고 그들에게 복종하십시오.

그들은 하느님께 셈을 해 드려야 하는 이들로서
그대들의 영혼을 돌보아 주고 있으니
그들이 탄식하지 않고 기쁘게 직무를 수행하게
해 주십시오.
그들의 탄식은 그대들에게 손해가 됩니다.
우리를 위해 기도해 주십시오.

우리는 모든 면에서 늘 올바르게 처신하려고 하며
바른 양심을 지니고 있다고 확신합니다.
내가 그대들에게 속히 돌아갈 수 있도록 기도해 주기를
더욱 간곡히 청합니다.

축복과 끝인사

영원한 계약의 피를 흘려 양들의 위대한 목자가 되신
우리 주 예수님을 죽은 자들 가운데서 다시 살리신 분은
평화의 하느님이십니다.

하느님께서 그대들에게 온갖 좋은 것을 마련해 주셔서
당신의 뜻을 이루게 해주시고
우리가 예수 그리스도를 힘입어
당신께서 기뻐하실 일을 할 수 있게 해주시기를 빕니다.
예수 그리스도께 영광이 영원무궁하기를 빕니다. 아멘.

형제 여러분,
이렇게 간단히 적어 보내니
이 격려의 말을 잘 받아들이기 바랍니다.
우리의 형제 티모테오가 풀려났음을 알려 드리며

그가 빨리 오면
내가 그와 함께 그대들을 만나게 될 것입니다.

그대들의 모든 지도자와 모든 성도에게
안부 전해주십시오.
이탈리아에서 온 이들이 그대들에게 문안합니다.
은총이 그대들 모두와 함께하기를 빕니다.

류해욱 신부

1955년 충북 제천 출생으로 예수회에 입회하여 1991년 사제서품을 받았습니다. 서강대 교목실장, 미국 애틀란타 한인 천주교회 주임 신부, 예수회 '말씀의 집 원장', 가톨릭 성 빈센트 병원 원목 사제 등을 역임했습니다. 현재는 영적 지도와 피정 지도를 하고, 특별히 영혼이 지친 이들과 함께 섬김과 나눔의 삶을 꿈꾸고 있습니다.

'아주 특별한 순간', '토머스 머튼의 시간', '모든 것 안에서 그분과 함께' 등 다수의 책을 번역하였습니다. 시집 '그대 안에 사랑이 머물고'와 사진 묵상집 '물과 물결 그리고 하늘' '예수님 품에 기대어' 등이 있으며 34권의 책을 출간하였습니다.